T0209480

essentials liefern aktuelles Wissen in konzentrierter Form. Die Essenz dessen, worauf es als „State-of-the-Art" in der gegenwärtigen Fachdiskussion oder in der Praxis ankommt. *essentials* informieren schnell, unkompliziert und verständlich

- als Einführung in ein aktuelles Thema aus Ihrem Fachgebiet
- als Einstieg in ein für Sie noch unbekanntes Themenfeld
- als Einblick, um zum Thema mitreden zu können

Die Bücher in elektronischer und gedruckter Form bringen das Fachwissen von Springerautor*innen kompakt zur Darstellung. Sie sind besonders für die Nutzung als eBook auf Tablet-PCs, eBook-Readern und Smartphones geeignet. *essentials* sind Wissensbausteine aus den Wirtschafts-, Sozial- und Geisteswissenschaften, aus Technik und Naturwissenschaften sowie aus Medizin, Psychologie und Gesundheitsberufen. Von renommierten Autor*innen aller Springer-Verlagsmarken.

Weitere Bände in der Reihe https://link.springer.com/bookseries/13088

Stefan Behringer · Marco Passardi ·
Daniel Noto

Kryptowährungen im Rechnungswesen

Bilanzierung und Bewertung in
Deutschland, Österreich und der
Schweiz

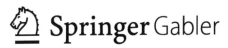

Stefan Behringer
IFZ Institut für Finanzdienstleistungen
Zug
Hochschule Luzern
Rotkreuz, Schweiz

Marco Passardi
IFZ Institut für Finanzdienstleistungen
Zug
Hochschule Luzern
Rotkreuz, Schweiz

Daniel Noto
IFZ Institut für Finanzdienstleistungen
Zug
Hochschule Luzern
Rotkreuz, Schweiz

ISSN 2197-6708   ISSN 2197-6716 (electronic)
essentials
ISBN 978-3-658-36053-5   ISBN 978-3-658-36054-2 (eBook)
https://doi.org/10.1007/978-3-658-36054-2

Die Deutsche Nationalbibliothek verzeichnet diese Publikation in der Deutschen Nationalbibliografie; detaillierte bibliografische Daten sind im Internet über http://dnb.d-nb.de abrufbar.

Planung/Lektorat: Vivien Bender
Springer Gabler ist ein Imprint der eingetragenen Gesellschaft Springer Fachmedien Wiesbaden GmbH und ist ein Teil von Springer Nature.
Die Anschrift der Gesellschaft ist: Abraham-Lincoln-Str. 46, 65189 Wiesbaden, Germany

Was Sie in diesem *essential* finden können

- Einen einführenden Überblick über Kryptowährungen, ihre Eigenschaften und Anwendungen
- Einen systematischen Überblick über die Bilanzierung von Kryptowährungen sowie die dazugehörige Erst- und Folgebewertung in Deutschland, Österreich und der Schweiz
- Bilanzierung und Bewertung von Kryptowährungen nach den International Financial Reporting Standards (IFRS)
- Praktische Hinweise zum Umgang mit Beständen in Kryptowährungen bei der Verwendung als Zahlungsmittel und bei der Produktion von neuen Einheiten (Mining)

Vorwort

Der Kanton Zug ist das Herzstück des Crypto Valleys, eines weltweit einmaligen Ökosystems für Unternehmen und Institutionen aus den Bereichen Crypto Assets, Fintech, Blockchain und Kryptowährungen in der Schweiz und dem Fürstentum Liechtenstein. Das IFZ Institut für Finanzdienstleistungen Zug der Hochschule Luzern befasst sich als Teil dieses Ökosystems seit Jahren mit Fragen rund um Kryptowährungen. So ist die Idee für dieses kurze Buch zur Bilanzierung von Kryptowährungen in Deutschland, Österreich und der Schweiz entstanden. Damit wollen wir einen Beitrag leisten, dass Kryptowährungen in der Realwirtschaft ankommen. Sie sind mehr als Spekulationsobjekte und in jedem Fall etwas anderes als nur ein Mittel zur Abwicklung illegaler Zahlungen.

Wir sind fest davon überzeugt, dass Kryptowährungen in der nahen Zukunft deutlich wichtiger werden. Damit stellt sich auch immer häufiger die Frage nach der korrekten Bilanzierung, sowohl für die Unternehmen, die Kryptowährungen herstellen als auch für diejenigen Unternehmen, die diese lediglich als Zahlungsmittel akzeptieren. Dieses Springer Essential will Antworten liefern auf die korrekte Bilanzposition. Ausserdem wird thematisiert, welche Wertansätze angewendet werden können. Das Buch fokussiert dabei auf die Situation in den einzelnen Ländern der DACH-Region. In Deutschland, Österreich und der Schweiz haben auch die IFRS eine grosse Bedeutung. Die Ausführungen zur Bilanzierung und Bewertung in der internationalen Rechnungslegung haben daher auch eine Bedeutung über die Landesgrenzen der DACH-Region hinaus. Damit wendet sich dieses Buch an Bilanzierer mit Kryptowährungs-Beständen, Wirtschaftsprüfer und andere Experten im Rechnungswesen. Wir haben uns an den Sprachgebrauch in den verschiedenen Ländern angepasst. So heisst die Schweizer Erfolgsrechnung in den Kapiteln zu Deutschland und Österreich Gewinn- und

Verlustrechnung. Die begrifflichen Unterschiede sind nicht gross, aber sehr fein, was wir versucht haben, zu beachten.

Wir wünschen Ihnen, liebe Leserinnen und Leser, eine nutzbringende Lektüre und freuen uns auf Ihr Feedback.

Rotkreuz   Prof. Dr. Stefan Behringer
im Oktober 2021   Prof. Dr. Marco Passardi
                                                                                              Daniel Noto

Inhaltsverzeichnis

Abkürzungsverzeichnis

Abs.	Absatz
AFRAC	Austrian Financial Reporting and Auditing Committee
BilMoG	Bilanzrechtsmodernisierungsgesetz (Deutschland)
BMF	Bundesministerium für Finanzen (Österreich)
BörsG	Börsengesetz (Deutschland)
BWG	Bankwesengesetz (Österreich)
DACH	Deutschland, Österreich, Schweiz
DBG	Gesetz über die direkte Bundessteuer (Schweiz)
DLT	Distributed Ledger Technologie
EStG	Einkommensteuergesetz (Deutschland)
et. al.	et alii
FER	Fachempfehlungen zur Rechnungslegung (Schweiz)
FiFo	First in First out
GAAP	Generally Accepted Accounting Principles
HGB	Handelsgesetzbuch (Deutschland)
IAS	International Accounting Standard
IASB	International Accounting Standards Board
IASC	International Accounting Standards Committee
IFRIC	International Financial Reporting Interpretations Committee
IFRS	International Financial Reporting Standards
LiFo	Last in First out
mwN	mit weiteren Nachweisen
NZZ	Neue Zürcher Zeitung
OR	Obligationenrecht (Schweiz)
S.	Seite
SGF	Swiss GAAP FER (Schweiz)

SIC	Standing Interpretations Committee
Tz.	Textziffer
UGB	Unternehmensgesetzbuch (Österreich)
ZaDiG	Zahlungsdienstleistungsgesetz (Österreich)

Charakteristika von Kryptowährungen 1

Auch wenn Kryptowährungen eine moderne Erfindung sind, so gibt es doch einen Vorläufer, der frappierende Ähnlichkeiten mit dem modernen Zahlungssystem hat. Es handelt sich um das Steingeld (Rai), was bis Anfang des 20. Jahrhundert auf der Insel Yap im westlichen Teil von Mikronesien in Gebrauch war (Fitzpatrick & McKeon, 2020). Es handelt sich bei den Rai um grosse und schwere behauene Kalksteine, die alle ein (teilweise auch zwei) Loch (Löcher) in der Mitte haben. Die Inselbewohner von Yap haben diese Steine aus dem 400 km entfernten Palau mit dem Schiff transportiert, wo sie erst in Steinbrüchen gelöst werden mussten. Dieser Prozess war ausserordentlich mühsam und erforderte hohen Einsatz der „Miner". Waren die Steine einmal auf Yap angelandet, so blieben sie an einem Ort liegen – auch weil sie aufgrund ihres Gewichts kaum zu transportieren waren und beim Transport die Gefahr eines Schadens bestand. Trotzdem wurden Rai getauscht. Um das Eigentum an einem Rai zweifelsfrei feststellen zu können, bedurfte es also eines Registers. Dieses wurde auf Yap dezentral geführt: Ein Register, wem welcher Rai gehörte, bestand in den Köpfen der Einwohner.

2008 erschien das Whitepaper von „Satoshi Nakamoto" mit dem Titel „Bitcoin: A Peer-to-Peer Electronic Cash System" (Nakamoto, 2008), das zunächst über eine Mailingliste zu kryptographischen Themen verteilt wurde. Bei Nakamoto handelt es sich vermutlich um ein Pseudonym einer Einzelperson oder einer Gruppe (Berentsen & Schär, 2018). Im Januar 2009 wurde dann von Nakamoto eine Software lanciert und die dem Bitcoin zugrunde liegende Blockchain gestartet. Inzwischen gibt es zahlreiche Kryptowährungen, die auf einer Blockchain basieren. Auch wenn die Währungen sich in Einzelheiten unterscheiden, so haben sie doch gemeinsame Kennzeichen. Diese Kennzeichen haben eine verblüffende Ähnlichkeit zum Steingeld der Insel Yap:

© Der/die Autor(en), exklusiv lizenziert durch Springer Fachmedien Wiesbaden GmbH, ein Teil von Springer Nature 2021
S. Behringer et al., *Kryptowährungen im Rechnungswesen*, essentials, https://doi.org/10.1007/978-3-658-36054-2_1

- Kryptowährungen benötigen Aufwand, um „produziert" zu werden. Sie entstehen aus Rechnerkapazität und Strom. Die Steine mussten mit menschlicher Arbeitskraft hergestellt werden.
- Es gibt einen Anreiz, sich an dem Produktionsprozess zu beteiligen. Bei Kryptowährungen erhält derjenige, der eine Transaktion bestätigt, einen Anreiz durch neue Einheiten (Mining). Auf der Insel Yap erhielt man einen Rai sowie einen höheren gesellschaftlichen Status.
- Die wichtigste Gemeinsamkeit ist sicherlich, dass es keine zentrale Stelle gibt, die die Transaktionen und das Eigentum verifiziert. Auf der Insel Yap war es das Wissen der Menschen, bei Kryptowährungen hingegen wird jede Transaktion in der Blockchain gespeichert. Die Blockchain ist für jeden einsehbar, eine zentrale Kontrolle findet nicht statt.

Neben diesen Gemeinsamkeiten unterscheiden sich Kryptowährungen allerdings auch deutlich vom alten Steingeld: Sie sind im Gegensatz zu den Steinen immateriell und teilbar. Ein weiterer wesentlicher Unterschied ist, dass Transaktionen in der Blockchain pseudonym und durch alphanumerische Zeichenfolgen abgebildet werden. Die wahre Identität eines Marktteilnehmers muss nicht offengelegt werden.

Kernbestandteil der Kryptowährungen ist also die Blockchain. Auf ihr basiert das Prinzip der Kryptowährungen. Wird eine Transaktion in einer Kryptowährung vorgenommen, so wird diese zunächst im Netzwerk angezeigt und damit bei den Kryptowährungs-Produzenten (den Minern) angefragt. Damit eine Transaktion vollendet werden kann, muss ein komplexer Validierungsprozess durchlaufen werden. Die Validierung erfolgt dezentral durch die Miner, die für ihre Validierung mit neuen Einheiten der Kryptowährung entlohnt werden. Miner kann jeder werden, der die entsprechende Software und die letzte Version der Blockchain herunterlädt. Mithilfe von mathematischen Algorithmen wird die Transaktion vom Netzwerk validiert. Die validierte Transaktion wird mit mehreren anderen Transaktionen des gleichen Zeitraums zu einem Block zusammengefasst, der der Blockchain angehängt wird – es besteht der Konsens zwischen allen Minern, dass jeder legitime Block der eigenen Kopie der Blockchain angehängt wird. Dieser Block enthält einen sogenannten Hash, der alle vergangenen Transaktionen beinhaltet. Dadurch ist es praktisch unmöglich, die vergangenen Transaktionen zu verändern, da man alle Blocks in allen kopierten Ketten ändern müsste, was aufgrund der Vielzahl der Transaktionen und dezentral vorhandenen Blockchains praktisch nicht möglich ist. Diese Dezentralität (sogenannte Distributed Ledger Technologie, DLT) ist einer der grossen Vorteile von Kryptowährungen, da eine zentrale mit Autorität verbundene Stelle zur Verifizierung nicht benötigt wird.

Die Validierung mit Hilfe von komplexen mathematischen Aufgaben und die grosse Zahl von dezentralen Kopien der Blockchain führt dazu, dass eine hohe Rechenleistung notwendig ist. Dies führt zu dem weit verbreiteten Vorwurf gegen die Blockchain-Technologie, dass der hierfür notwendige exorbitant hohe Energieverbrauch vor dem Hintergrund der Klimakrise nicht zu verantworten ist (vgl. Sedlmeir et al., 2020).

Mit der hinter den Kryptowährungen stehenden Technologie gelingt es, Zentralbanken als Herausgeber von Währungen und als Garant für das Vertrauen in die Währung auszuschalten. Damit können Geldflüsse auch nicht mehr so leicht durch staatliche Stellen kontrolliert werden – auch wegen der Möglichkeit, sich in der Blockchain unter Pseudonym zu bewegen. Dieser Entzug aus der staatlichen Kontrolle führt auch dazu, dass Kryptowährungen verstärkt für illegale Transaktionen wie Geldwäsche, Terrorismusfinanzierung oder für Lösegeldzahlungen eingesetzt werden (Cappel & Born, 2020, S. 253 ff.).

Geld im volkswirtschaftlichen Sinn wird durch die Übernahme von drei Funktionen definiert (Issing, 2011, S. 1 f.):

1. Geld als Tausch- und Zahlungsmittel: Dies beinhaltet die Akzeptanz durch alle Wirtschaftssubjekte im Warenhandel. Es muss nicht mehr Ware gegen Ware getauscht werden, sondern es reicht aus, dass mit dem Geld eine Ware verkauft wird. Mit dem dadurch erhaltenen Geld kann sodann eine andere Ware gekauft werden. Als Zahlungsmittel kann Geld darüber hinaus auch eingesetzt werden, um Schulden zu tilgen bzw. Kredite aufzunehmen.
2. Geld als Wertaufbewahrungsmittel: Allein durch das zeitliche Auseinanderfallen von Geldeinnahmen und -ausgaben ist es nötig, Reserven in Form von Geld zu halten. Die Geldreserve schafft eine Tauschbereitschaft.
3. Geld als Recheneinheit: Geld übernimmt die Funktion als Standardgut bzw. Wertmass, um die Preise von Gütern in einer Volkswirtschaft abzubilden.

Kryptowährungen werden derzeit von den meisten Zentralbanken nicht als Geld im eigentlichen Sinne angesehen, da die allgemeine Akzeptanz, welche eine Grundvoraussetzung für die Erfüllung der Geldfunktionen ist, nicht gegeben ist. Zudem führt die starke Volatilität dazu, dass die Funktionen als Wertaufbewahrungsmittel und Recheneinheit nicht so einfach erfüllt werden können. Allerdings handelt es sich bei diesem Verdikt nur um eine Momentaufnahme, die sich im Zeitablauf durchaus ändern kann (Hanl & Michaelis, 2017, S. 363). Dies wird dadurch untermauert, dass die heutigen Kryptowährungen keine gesetzlichen Zahlungsmittel sind. Gesetzliche Zahlungsmittel müssen zur Begleichung einer Schuld akzeptiert werden, andere Zahlungsmittel können auch im Rahmen der Vertragsfreiheit vereinbart werden, sie sind aber nicht grundsätzlich anwendbar. Mit El Salvador hat im September 2021 ein erstes Land den Bitcoin als gesetzliches Zahlungsmittel etabliert (Busch, 2021).

Bitcoins oder Litecoins sind Beispiele für deflationär ausgestaltete Kryptowährungen. Dies liegt an der quantitativen Begrenzung der Zahl von möglichen Einheiten dieser Kryptowährungen. Bei Bitcoins liegt diese bspw. bei 21 Mio. Einheiten (Ostbye, 2018). In der herkömmlichen Welt der sogenannten Fiat-Währungen, in denen Währungen ohne materielle Besicherungen durch das Vertrauen staatlicher Stellen einen Wert erhalten, ist es Aufgabe der Zentralbanken, die Menge des Geldes so zu beschränken, dass es nicht zu Inflation kommt. Bei der Kryptowährung übernimmt dies der Algorithmus, der die Schöpfung neuer Einheiten technisch limitiert (Wenger & Tokarski, 2020, S. 255). Allerdings folgt aus dieser Eigenschaft, dass viele Eigentümer von deflationären Kryptowährungen von einem dauerhaften Wertzuwachs ihrer Bestände ausgehen und die Währungen allein zur Wertaufbewahrung oder Spekulation nutzen. Dies führt zu sehr geringen Umlaufgeschwindigkeiten der Kryptowährungen, was hohe Wertschwankungen, selbst bei kleinen Bewegungen, zur Folge haben kann. Auf der anderen Seite findet bei einer Kryptowährung die Geldschöpfung ausschliesslich durch den Algorithmus statt. Auch eine Kreditvergabe hat in diesem System keine Auswirkung auf die Geldmenge. Geschäftsbanken können in diesem System kein Buchgeld schaffen (Wenger & Tokarski, 2020).

Derzeit gibt es 12.275 verschiedene Kryptowährungen (Stand Oktober 2021, Quelle: www.coinmarketcap.com). Tab. 1.1 nennt die zehn wichtigsten nach der Höhe der Marktkapitalisierung.

Es zeigt sich eine enorme Vielfalt der Kryptowährungen. Eine wesentliche Unterscheidung liegt in der Verifizierung von Transaktionen. Die grösste Kryptowährung Bitcoin setzt bei der Verifizierung auf das „proof of work"-System, was einen Konsens innerhalb der Blockchain voraussetzt und damit grosse Ressourcen erfordert. Der Bitcoin als erste Kryptowährung wurde inzwischen ergänzt durch andere alternative Kryptowährungen, die Probleme des Bitcoins zu lösen bzw. andere Anwendungen zu erschliessen versuchen (Viehmann, 2019). So hat sich mit dem „proof of stake" System (King & Nadal, 2012) zur Authentifizierung ein System entwickelt, welches das Problem des enormen Energiebedarfs zum Mining beseitigt. Der Peercoin war die erste Kryptowährung, die auf diesem Konzept beruhte. Auch Ethereum – die zweitgrösste Kryptowährung – wird demnächst auf das proof of stake System umstellen (Ethereum, 2021).

Tab. 1.1 Bedeutende
Kryptowährungen nach der
Höhe ihrer
Marktkapitalisierung

Rang	Kryptowährung	Marktkapitalisierung in Mio. US-$
1	Bitcoin	898.866
2	Ethereum	395.475
3	BinanceCoin	70.672
4	Cardano	70.028
5	Tether	68.034
6	Solana	49.817
7	XRP	48.275
8	USD Coin	32.299
9	Polkadot	30.674
10	Dogecoin	28.417

Quelle: www.coinmarketcap.com (abgerufen am 04.10.2021)

Bilanzierungspflicht

Eine zentrale Aufgabe des Jahresabschlusses ist die Abbildung des Geschehens im Unternehmen (Coenenberg et al., 2018, S. 3). Dazu ist es notwendig, Vermögen und Schulden darzustellen, sowohl die Bestände (in der Bilanz) als auch die Veränderungen dieser Positionen (in der Gewinn- und Verlustrechnung). Nimmt ein Unternehmen Kryptowährungen als Zahlungsmittel entgegen, so gehören diese Vorgänge eindeutig zum unternehmerischen Geschehen. Dies gilt genauso für Miner, die die Herstellung von Kryptowährungen zum Geschäftsgegenstand haben. Damit ergibt sich die grundsätzliche Notwendigkeit, Bestände an Kryptowährungen und ihre Veränderungen im Rechnungswesen zu berücksichtigen. Dies gilt auch für Schulden, die in Kryptowährungen denominiert sind.

Die Berücksichtigung ist grundsätzlich zu bejahen. Je nach anzuwendender Regulierung können aber Bilanzierungsverbote oder andere besondere Regulierungen bestehen, die dem Grundsatz widersprechen. Diese Regeln werden für Deutschland, Österreich, die Schweiz und die internationale Rechnungslegung nach IFRS im Folgenden diskutiert.

Ergibt sich eine Bilanzierungspflicht dem Grunde nach, so ist zu klären, in welcher Höhe der Vermögensansatz erfolgt. Damit ergibt sich auch unmittelbar, welche Veränderungen bei der Folgebilanzierung in der Gewinn- und Verlustrechnung erfolgswirksam zu erfassen sind.

Bilanzierung dem Grunde nach 3

3.1 Nach deutschem HGB

Nach § 246 Abs. 1 Satz 1 HGB hat der Jahresabschluss sämtliche Vermögensgegenstände zu enthalten, soweit es keine anderslautende gesetzliche Regelung gibt. Insofern muss geprüft werden, ob es sich bei Kryptowährungen um Vermögensgegenstände handelt. Eine Legaldefinition dieses Begriffs gibt es nicht. Die herrschende Meinung stellt darauf ab, dass ein Vermögensgegenstand zur Schuldendeckung eingesetzt werden kann (vgl. Staub, 2021; § 246, Tz. 8). Dies verlangt zum einen die wirtschaftliche Zurechnung, was bedeutet, dass der Bestand an Kryptowährungen in der Verfügungsgewalt des Bilanzierenden sein muss. Aktivierungsfähig sind nicht nur Güter, sondern auch Rechte, tatsächliche Zustände oder Möglichkeiten. Da Kryptowährungen für Zahlungen eingesetzt werden können oder Coins in andere Zahlungsmittel umgetauscht werden können, wird man dieses Kriterium als erfüllt ansehen können, auch wenn es sich nicht um ein Recht oder einen Gegenstand handelt. Ein Vorteil ist jedoch mit dem Eigentum an Kryptowährungen durch die Zahlungs- bzw. Umtauschmöglichkeit unzweifelhaft verbunden.

Des Weiteren muss ein aktivierungsfähiger Vermögensgegenstand die folgenden Eigenschaften erfüllen (vgl. Staub, 2021; § 246, Tz. 8 ff.; Richter & Augel, 2017):

- Er muss verkehrsfähig sein, also veräusserbar. Da Kryptowährungen auf Handelsplattformen gehandelt werden können, ist dieses Kriterium problemlos erfüllt.
- Es muss eine selbstständige Bewertbarkeit gegeben sein: Auch dieses Kriterium wird man bei Kryptowährungen als erfüllt ansehen können. Es existieren

© Der/die Autor(en), exklusiv lizenziert durch Springer Fachmedien
Wiesbaden GmbH, ein Teil von Springer Nature 2021
S. Behringer et al., *Kryptowährungen im Rechnungswesen*, essentials,
https://doi.org/10.1007/978-3-658-36054-2_3

Umtauschkurse in staatlich ausgegebene Währungen. Da es viele verschiedene und stark schwankende Kurse für ein und dieselbe Kryptowährung gibt, stellt sich zwar die Frage danach, was der richtige Bewertungsmassstab ist, die selbstständige Bewertbarkeit an sich, ist jedoch unzweifelhaft gegeben.

Man kann folglich konstatieren, dass es sich bei Kryptowährungen um Vermögensgegenstände im Sinne des HGB handelt, die in die Bilanz aufgenommen werden müssen. Fraglich ist allerdings in welcher Position die Aktivierung stattfinden soll. Auch steuerrechtlich wird man – auch wenn die steuerliche Auffassung zur Aktivierungsfähigkeit von Wirtschaftsgütern (analoger steuerrechtlicher Begriff zum Vermögensgegenstand) leicht anders ist (vgl. zu den Unterschieden ausführlich von Sicherer, 2018) – Bestände in Kryptowährungen als aktivierungsfähig ansehen. Dabei ist die Beurteilung, in welcher Position ein Kryptowährungsbestand bilanziert werden kann, je nach Geschäftsmodell des Unternehmens unterschiedlich. Zunächst soll die Handhabung für Unternehmen, die Kryptowährungen in ihrem Umsatzprozess erlangen, besprochen werden.

Naheliegend wäre die Bilanzierung in der Position „Kassenbestand, Bundesbankguthaben, Guthaben bei Kreditinstituten und Schecks", da hier Bestände in Fiat-Währungen gezeigt werden. Keine der Positionsbezeichnungen trifft auf Kryptowährungen zu, allerdings sehen viele Quellen diese Position als die richtige für die Bilanzierung von Kryptowährungen an (Staub, 2021; § 266, Tz. 45). Auch wenn der Begriff „Kryptowährung" etwas anderes suggeriert, handelt es sich aber nicht um eine Währung, da sie nicht hoheitlich durch einen Staat ausgegeben wird. Dagegen spricht auch, dass es sich bei Kryptowährungen nicht um Zahlungsmittel im rechtlichen Sinne handelt. Allerdings werden Kryptowährungen wie Zahlungsmittel eingesetzt, da sie zur Begleichung der Schuld de facto akzeptiert werden. In der Praxis wird jedoch beobachtet, dass die annehmenden Unternehmen häufig ihre Bestände in Kryptowährungen sofort in Fiat-Währungen umtauschen, um Wechselkursrisiken auszuschliessen (Ummenhofer & Zeitler, 2018). Aus diesen Gründen kann man verneinen, dass Kryptowährungen in der Position „Kassenbestand" aktiviert werden können.

Eine weitere Möglichkeit wäre die Bilanzierung unter der Rubrik „Wertpapiere des Umlaufvermögens". „Wertpapiere sind Urkunden, an welche ein Vermögensrecht der Art geknüpft ist, daß (sic!) die Ausübung des Rechts von der Verfügungsgewalt über die Urkunde abhängig ist." (Brüggemann, 1983; § 381 Tz. 2). Dieser Definition genügen Kryptowährungen nicht. Sie sind keine Urkunden und beinhalten auch keine Rechte und Pflichten. Eine dritte Partei ist ebenfalls nicht involviert (so auch Ummenhofer & Zeitler, 2018, S. 445). Damit scheidet eine Bilanzierung in dieser Rubrik ebenfalls aus.

Die Bilanzgliederung des § 266 HGB enthält mit der Position „sonstige Vermögensgegenstände" im Umlaufvermögen noch eine Sammelposition für alle Vermögensgegenstände, die nicht in eine der anderen Positionen passen. Diese Position eignet sich für Bestände in Kryptowährungen. Als Analogie kann herangezogen werden, dass auch Gold- und Silbermünzen, die auch eine Ähnlichkeit zu Zahlungsmitteln haben, in dieser Position aktiviert werden sollen (Kirsch & von Wieding, 2017, S. 2733 f.). Die Bitcoin Deutschland AG, die Zahlungen in Bitcoin für Handelsunternehmen vermittelt, bilanzierte im Einzelabschluss 2019 (nach HGB) ihren Bestand an Bitcoins in der Position sonstige Vermögensgegenstände (Ahn et al., 2020, S. 8).

Die im deutschen Handelsgesetzbuch niedergelegten Schemata für die Bilanzgliederung verstehen sich jeweils als Mindestgliederungen. Dem Unternehmen steht es frei, zusätzliche Bilanzpositionen einzufügen. Diese sollten sogar eingefügt werden, wenn dem Bilanzleser durch die zusätzliche Position ein besserer Blick auf die Vermögens-, Finanz- und Ertragslage ermöglicht wird (Coenenberg et al., 2018, S. 146). Dies wird auf Unternehmen zutreffen, die höhere Bestände an Kryptowährungen bilanzieren, bei denen die Position eine höhere Relevanz für die Beurteilung der Vermögenslage des Unternehmens hat. Diese sollten also eine neue Position im Umlaufvermögen „Kryptowährungen" einfügen und dort ihre Bestände aktivieren.

Sollten die Bestände an Kryptowährungen langfristig (das bedeutet länger als ein Jahr) dem Betrieb dienen, muss der Bestand im Anlagevermögen geführt werden. Aufgrund ihrer mangelnden Körperlichkeit handelt es sich bei Kryptowährungen um immaterielles Anlagevermögen. Die Position Finanzanlagen kommt nicht infrage, da bei Finanzanlagen eine Kapitalüberlassung erforderlich ist. Diese findet bei Kryptowährungen nicht statt.

Mit steigender Bedeutung der Kryptowährungen in der Realwirtschaft sollte der deutsche Gesetzgeber überlegen, ob eine eigene Position für Bestände in Kryptowährungen sinnvoll ist. Mit weiterem Vordringen in die Realwirtschaft könnte auch die Position Kassenbestand etc. um den Punkt Kryptowährungen erweitert werden.

Der Sachverhalt bei der Bilanzierung dem Grunde nach ändert sich, sobald es sich nicht um Kryptwährungen handelt, die im Umsatzprozess erworben worden sind, sondern um selbst geschürfte Einheiten. Ist Krypto-Mining die Geschäftstätigkeit des Unternehmens, bietet sich eine Bilanzierung der hergestellten Einheiten in der Position „Vorräte" an. Vorräte dienen entweder der Produktion bzw. Erbringung einer Dienstleistung oder sind zur Weiterveräußerung bestimmt (Coenenberg et al., 2018, S. 219). Bei Krypto-Minern ist die Verbindung der geschürften Einheiten zum Umsatzprozess gegeben.

Tab. 3.1 Übersicht über die potenziellen Bilanzierungspositionen für Kryptowährungen im Umlaufvermögen

	Durch Verkaufsprozess erlangte Kryptowährungen	Durch Mining erlangte Kryptowährungen
Kasse	Nein	Nein
Vorräte	Nein	Ja
Wertpapiere des Umlaufvermögens	Nein	Nein
Sonstige Vermögensgegenstände	Ja	Nein
Erweiterte Gliederungsposition	Ja	Ja

Halten Krypto-Miner ihre selbsterstellten Währungseinheiten langfristig, so können sie als immaterielles Anlagevermögen bilanziert werden. Für selbsterstelltes immaterielles Anlagevermögen besteht ein Aktivierungswahlrecht (§ 248 Abs. 2 Satz 1 HGB). Kryptowährungen zählen nicht zu den Gegenständen, für die nach § 248 Abs. 2 Satz 2 HGB ein Aktivierungsverbot besteht („selbst geschaffene Marken, Drucktitel, Verlagsrechte, Kundenlisten oder vergleichbare immaterielle Vermögensgegenstände"). Das Unternehmen hat also die Wahl, die selbstgeschaffenen Kryptowährungen entweder zu aktivieren oder die Herstellkosten direkt aufwandswirksam in der Gewinn- und Verlustrechnung zu buchen. Tab. 3.1 gibt einen Überblick über die grundlegenden potenziellen Bilanzpositionen für Kryptowährungen im Umlaufvermögen.

Zu differenzieren ist noch nach der Funktionsweise der Blockchain einer Kryptowährung (so auch Trautmann, 2019). Gemein ist dem Herstellungsprozess der meisten Kryptowährungen ein Zufallselement. In der Gesetzesbegründung zum Bilanzrechtsmodernisierungsgesetz (BilMoG) heisst es zu Produktionsvorgängen: Bei ihnen soll „mit hoher Wahrscheinlichkeit davon ausgegangen werden (können), dass ein einzeln verwertbarer immaterieller Vermögensgegenstand des Anlagevermögens zur Entstehung gelangt." (Bundestags-Drucksache 16/10067, S. 60). Wie hoch diese Wahrscheinlichkeit sein muss, wird nicht weiter erläutert.

Vereinfacht kann man davon ausgehen, dass die Wahrscheinlichkeit für einen Erfolg höher sein sollte als die Wahrscheinlichkeit, dass kein Vermögensgegenstand entsteht (Ballwieser, 2013; § 248 HGB Rz. 43). Auch wenn dies im Einzelfall zu überprüfen ist (Trautmann, 2019) – insbesondere wenn man die zufallsbedingte Proof of Stake Methode zur Verifizierung anwendet – sollte man konstatieren, dass ein Unternehmen mit dem Geschäftsmodell der Herstellung von Kryptowährungen davon ausgeht, dass mit hinreichender Wahrscheinlichkeit die Herstellung eines Vermögensgegenstands gelingt. Insofern sollte über alle Transaktionen die Wahrscheinlichkeit eines Erfolgs höher gewichtet sein als die eines Misserfolgs. Das Zufallselement des Herstellungsprozesses sollte daher einer Aktivierung letztlich nicht im Wege stehen. In der Literatur wird auch vereinzelt geäussert (vgl. Gerlach & Oser, 2018, S. 1545), dass die Aufwendungen zur Erzeugung eines Bitcoins erst dann aktiviert werden dürfen, wenn der Coin wirklich erhalten wird. Sind „Mining-Prozesse" am Bilanzstichtag noch offen, so seien diese aufwandswirksam zu buchen. Erst mit dem Erhalt des Coins darf danach die Aktivierung stattfinden. Diese Auffassung ist nur bedingt nachvollziehbar. Das Geschäftsmodell der Miner von Kryptowährungen basiert auf der hohen Wahrscheinlichkeit der Erzeugung von Coins. Insofern erscheint diese ausserordentlich vorsichtige Herangehensweise überzogen (so auch Ummenhofer & Zeitler, 2018).

Nach deutschem HGB zunächst nicht bilanzierungsfähig sind Zuteilungen aus sogenannten Airdrops. Airdrops werden zur Vermarktung von Projekten im Bereich Kryptowährungen und Kryptoassets durchgeführt. Bei Airdrops – wörtlich übersetzt ein Abwurf aus der Luft – erhält eine bestimmte Gruppe Coins (Koenig, 2017, S. 113). Der Airdrop erfolgt ohne Gegenleistung, zumeist auch ohne Wissen der empfangenden Seite. Damit ist prima facie davon auszugehen, dass es sich nicht um einen werthaltigen Vermögensgegenstand handelt. Erst wenn dieser nachgewiesen ist (z. B. durch einen Handel des zugegangenen Coins auf einer Handelsplattform), kann eine Aktivierung erfolgen (Freiberg, 2019, S. 155).

Ähnliches gilt für die Bewertung durch Hard Forks erlangte Coins. Bei einer Hard Fork spaltet sich eine existierende Blockchain in eine alte und eine neue. Zunächst wird in der Blockchain über eine Regeländerung abgestimmt, kommt es zu einer Trennung, weil sowohl alte und neue Regeln über genügend Unterstützung verfügen, so bleibt die alte Blockchain bestehen und es entsteht ein Klon der alten Blockchain mit den neuen Regeln aber auch allen vorhergehenden Zugangsschlüsseln. Dadurch haben Eigentümer von Coins der alten Blockchain jetzt auch eine gleiche Menge an Coins in der neuen Blockchain (Chason, 2019, S. 280). Auch hier stellt sich die Frage nach der Werthaltigkeit. Kann diese z. B. durch Transaktionen auf einem aktiven Markt nachgewiesen werden, können auch die durch das Klonen erlangten Coins aktiviert werden. Gelingt dies nicht, scheidet eine Aktivierung aus.

3.2 Nach österreichischem UGB

In Österreich liegt für Kryptowährungen eine Handlungsanweisung für die steuerliche Einordnung vor. Wenn ein Unternehmen, das bspw. Bitcoins an einer
Tauschbörse erwirbt und dort auch wieder in einer beliebigen Fiat-Währung bzw.
eine andere Kryptowährung umtauscht, entstehen Kursgewinne oder -verluste.
Diese sind im Rahmen der steuerlichen Gewinnermittlung zu berücksichtigen. In
einkommensteuerlicher Hinsicht liegt ein Tausch gemäss § 6 Z 14 lit. a EstG vor.
Ausschlaggebend ist hierbei der gemeine Wert, also der aktuelle Tageswert (BMF,
2021). Demgegenüber fehlt eine abschliessende Regelung im UGB-Bilanzrecht
(Geisler, 2017, S. 930). Auch der österreichische Ausschuss für Rechnungslegung
und Abschlussprüfung (AFRAC) hat bislang keine Stellungnahme abgegeben.
Organisationen, die vor der Frage der Bilanzierung von Kryptowährungen stehen, müssen daher selbst eine sachgerechte Abbildung in ihren Jahresabschlüssen
sicherstellen. Dies eröffnet ihnen einen gewissen Gestaltungsspielraum. Hierfür sind mögliche Bilanzpositionen in Tab. 3.2 dargestellt. Infrage kommen
als Bilanzpositionen liquide Mittel, Vorräte, Finanzinstrumente sowie immaterielle Vermögensgegenstände. Grundsätzlich ergibt sich eine Zulässigkeit der
entsprechenden Bilanzposition auf Basis des UGBs oder, falls im UGB keine
konkrete Regulierung vorhanden ist, durch eine Referenz auf die internationalen
Rechnungslegungsvorschriften (IAS/IFRS, Leibfried & Gierbl, 2018).

Tab. 3.2 Übersicht denkbarer Bilanzpositionen nach österreichischem UGB

	Denkbare Bilanzpositionen			
	Finanzinstrumente	Immaterielle Vermögensgegenstände	Liquide Mittel	Vorräte
Grundlage	IAS 32/IAS 39	§ 224 Abs. 2 Punkt A.I UGB/BMF	§ 1 Absatz 1 Z 6 BWG/§ 3 Z 21 ZaDiG	§ 224 Absatz 2 B I 3. UGB i. V. m. § 197 Absatz 2 UGB
Geschäftszweck	Keine Relevanz	Entgeltlicher Erwerb von Kryptowährung	Keine Relevanz	Handel mit Kryptowährung (z. B. basierend auf Mining)
Zulässigkeit gegeben? (Ja/Nein)	Nein	Ja	Nein	Ja

Zunächst ist zu klären, ob eine Kryptowährung als Vermögensgegenstand klassifiziert werden kann (Hirschler & Stückler, 2018, S. 118 f.). Diese Klassifizierung ist Voraussetzung für die Aktivierung (§ 196 Absatz 1 UGB). Ein Vermögensgegenstand ist dadurch charakterisiert, dass es, neben den Kriterien der Verwert- und Bewertbarkeit, ebenso als Vermögensbestandteil angesehen werden kann. Mit dem ersten Kriterium ist gemeint, dass Kryptowährungen selbstständig übertragen werden können. Da Kryptowährungen auf Handelsplätzen erworben und veräussert werden können, ist dieses Kriterium erfüllt. Das zweite Kriterium verlangt, dass ein Markt vorliegt, auf dem ein Preis zu beobachten ist. Dadurch wird eine Bewertung ermöglicht. Aufgrund gegebener Wechselkurse gilt auch hier das vorliegende Kriterium als erfüllt. Ausserdem soll der Vermögensgegenstand zu künftigen Einzahlungsüberschüssen führen (Ludenbach & Freiberg, 2009; Meyer-Scharenberg, 1988). Es kann die Schlussfolgerung gezogen werden, dass eine Kryptowährung in die Bilanz aufgenommen werden muss (sog. Vollständigkeitsgebot, § 196 Absatz 1 UGB). Aufgrund der vielen unterschiedlichen Wechselkurse bleibt jedoch die Frage offen, welcher Kurs für die Bewertung als Massstab herangezogen werden kann (Beigman et al., 2021). Inwiefern Kryptowährungen grundlegend als Teil des Anlage- oder Umlaufvermögens in Betracht kommen, hängt gemäss dem UGB davon ab, ob die virtuelle Währung dazu bestimmt ist, dem Geschäftsbetrieb dauernd, i. d. R. länger als 1 Jahr, zu dienen (§ 198 Absatz 2 UGB). Folglich kommt ein Ausweis sowohl im Anlage- (z. B. als eigenständiger Posten „virtuelle Währung") oder Umlaufvermögen (bspw. unter den „sonstigen Vermögensgegenstände") in Frage. In bilanzrechtlicher Hinsicht gibt es nun grundsätzlich zwei Fallkonstellationen zu unterscheiden, um eine Aktivierung und einer damit einhergehenden Bewertung durchzuführen (Gerlach & Oser, 2018; Fink & Kunath, 2019, S. 148):

i. Erwerb entgeltlicher Einheiten an Kryptowährungen auf einem beliebigen Handelsplatz und/oder
ii. Herstellung und/oder Handel mit Kryptowährungen (z. B. basierend auf Mining).

In Abhängigkeit davon können wiederum die Bestimmungen zu Ansatz sowie Erst- und Folgebewertung festgemacht werden.

Aufgrund der stark volatilen Kurse und den sich dadurch ergebenden grossen Risiken (Liu & Serletis, 2019) ist grundsätzlich davon auszugehen, dass Kryptowährungen nicht dazu bestimmt sind, dem Geschäftsgang langfristig zu dienen. Vielmehr werden diese in der Praxis zumeist kurzfristig gehalten, sodass eine Zuordnung zum Umlaufvermögen am ehesten angebracht erscheint. Sollte die

Kryptowährung jedoch dem Betrieb längerfristig dienen und sie somit dem Anlagevermögen zugeordnet werden, ist es notwendig darzulegen, welche Absicht das Unternehmen verfolgt.

Somit wäre bspw. der Ausweis von Kryptowährungseinheiten als Finanzinstrument in der Bilanz unzulässig. Der Begriff Finanzinstrument ist im UGB nicht definiert, allerdings wird auf die Definitionen in den Standards IAS 32 und IFRS 9 verwiesen. Dort wird ein Finanzinstrument als ein Vertrag definiert, der gleichzeitig bei einem Unternehmen zu einem finanziellen Vermögenswert und bei einem anderen Unternehmen zu einer finanziellen Verbindlichkeit oder einem Eigenkapitalinstrument führt. Ein Eigenkapitalinstrument ist laut IAS folgendermassen definiert: „Ein Vertrag, der einen Residualanspruch an den Vermögenswerten eines Unternehmens nach Abzug aller Schulden begründet." (IAS 32). Das österreichische BMF (2021) äusserte jüngst, dass Kryptowährungen im Allgemeinen keine Finanzinstrumente darstellen. Vielmehr würde es sich hierbei um sonstige (unkörperliche) Wirtschaftsgüter handeln. Zudem wird konstatiert, dass diese unkörperlichen Wirtschaftsgüter als nicht abnutzbar gelten (BMF, 2021).

Finanzinstrumenten liegt ein Vertrag zugrunde. Folglich müsste bei Kryptowährungen ein Vertragsverhältnis vorliegen. Aufgrund der technischen Ausgestaltung der meisten Kryptowährungen, wie bspw. Bitcoin, bei denen gerade keine Vereinbarungen zwischen zwei Parteien entstehen, sind diese Kriterien nicht erfüllt (Tan & Low, 2017). Die Bilanzierung von Kryptowährungen als Finanzinstrument ist nach UGB somit nicht zulässig.

Eine zulässige Bilanzposition ist die der immateriellen Vermögensgegenstände. Immaterielle Vermögensgegenstände sind im UGB nicht definiert. Der Posten „immaterielle Vermögensgegenstande" wird lediglich im § 224 Abs. 2 A I UGB erwähnt. Der Grund für die Zulässigkeit in der Bilanz beruht auf der Beschaffenheit von Kryptowährungen. Kryptowährungen haben eine körperlose Substanz, wodurch eine Einstufung als immaterieller Vermögensgegenstand zutreffend sei, so auch das BMF (2021). Für den Ausweis in der Bilanz würde sich dadurch im Anlagevermögen die Möglichkeit eröffnen, Kryptowährungen als gesonderten Posten mit zutreffendem Namen (z. B. „virtuelle Währung") zu bilanzieren. Für das Umlaufvermögen hingegen würde sich die Option bieten, die Kryptowährung unter den „sonstigen Vermögensgegenständen" auszuweisen.

Weiterhin wäre es denkbar, Kryptowährungen als liquide Mittel bzw. als alternative Zahlungsmittel zu klassifizieren. Ursprünglich beruhte das Konzept der Bitcoins – der ersten und bis heute bedeutendsten Kryptowährung – darauf, diese für Zahlungen zu nutzen (Ferrari, 2020; Nakamoto, 2008). Gemäss §224 Absatz 2 B IV UGB fasst die Bilanzposition liquide Mittel die Kassenbestände, Schecks und Guthaben bei Kreditinstituten zusammen. Dabei werden diese Posten als geldnahe und geldgleiche Vermögensgegenstände mit der Eigenschaft der

Zahlungsfunktion, die eine unmittelbare Liquidierbarkeit voraussetzt, eingestuft. Aufgrund der starken Schwankungen und der damit einhergehenden Unsicherheit werden Kryptowährungen von vielen Unternehmen skeptisch betrachtet. Insbesondere gilt das für Zahlungs- und Wertaufbewahrungszwecke. Solange jedoch virtuelle Währungen nicht von dem österreichischen Gesetzgeber als offizielles Zahlungsmittel akzeptiert werden, bleibt diese Bilanzposition ausgeschlossen (§ 1 Absatz 1 Z 6 BWG; § 3 Z 21 ZaDiG). Eine weitere Ausweismöglichkeit ist die Position der Vorräte. Dies ist dann relevant, wenn das Geschäftsmodell des bilanzierenden Unternehmens den Handel mit Kryptowährungen beinhaltet. Dies gilt nicht für Unternehmen, die Kryptowährungen für Spekulationsgeschäfte nutzen wollen. Darunter sind vielmehr jene Vermögensgegenstände darzustellen, die im Rahmen des Betriebs verarbeitet, bearbeitet bzw. verkauft werden sollen (Petry, 2018a). Dadurch würde ein Ausweis unter den Vorräten nur für jene Unternehmen in Betracht kommen, die eine Handelsabsicht mit den Kryptowährungseinheiten haben. Sofern das Unternehmen durch Mining generierte Währungseinheiten zum Zwecke der Weiterveräusserung erstellt, kann ein Ausweis der Kryptowährung unter den fertigen Erzeugnissen erfolgen. Hierbei ist darauf hinzuweisen, dass für selbstgeschaffene immaterielle Vermögensgegenstände ein Aktivierungsverbot vorliegt (§ 224 Abs. 2 B I 3. UGB i. V. m. § 197 Abs. 2 UGB).

In den meisten Fällen werden Kryptowährungen Teil der sonstigen immateriellen Vermögensgegenstände sein. Je nach Geschäftsmodell können Kryptowährungen im Einzelfall auch Teil der Vorräte sein. Aufgrund der besonderen Beschaffenheit von Kryptowährungen und dem sich ergebenden grossen Gestaltungsspielraum, empfiehlt es sich, Kryptowährungen in einer eigenen Position aufzuführen, z. B. als „Kryptowährungen" unter den immateriellen Vermögensgegenständen. Bei dem Bilanzierungsschema nach § 224 Abs. 1 UGB handelt es sich um eine Mindestgliederung, die folglich ergänzt werden kann, wo es sinnvoll ist. Sofern es auch in der Gewinn- und Verlustrechnung zu bedeutenden Auswirkungen kommen sollte, ist auch hier eine Erweiterung des GuV-Gliederungsschema in Erwägung zu ziehen (§ 231 Abs. 1 UGB).

3.3   Nach Schweizer OR und SWISS GAAP FER

3.3.1 Obligationenrecht

Art. 959 Abs. 2 OR stellt für aktivseitig zu bilanzierende „Vermögenswerte" eine Bilanzierungspflicht auf, wenn kumulativ folgende Kriterien erfüllt sind.

Der Vermögenswert

- liegt in der auf einem vergangenen Ereignis beruhenden Verfügungsgewalt des bilanzierenden Unternehmens;
- generiert einen wahrscheinlichen zukünftigen Nutzenzufluss zugunsten des bilanzierenden Unternehmens;
- kann wertmässig verlässlich bewertet werden.

Insofern muss geprüft werden, ob Kryptowährungen diese drei Kriterien kumulativ erfüllen.

Aus zivilrechtlicher Sicht gibt es Token, die in erster Linie einen Wert innerhalb des Blockchain-Kontexts darstellen, z. B. Kryptowährungen (vgl. Schweizer Bundesrat, 2018, S. 18). In der Schweiz ist der Bitcoin eine der bekanntesten Kryptowährungen. Überlegungen für die Bilanzierung bestehen deshalb vor allem für diese Kryptowährung (vgl. NZZ vom 26.07.2021, online). Eine Überprüfung der drei Ansatzkriterien führt zu folgendem Ergebnis.

Vergangenes Ereignis/Verfügungsgewalt

Bitcoins basieren im Grundsatz auf einer bestimmten Transaktion in der Vergangenheit. Solche Vorgänge sind einerseits der Kauf (herkömmliches Geld, sog. „Fiatgeld" wird in Bitcoins getauscht) oder das sog. „Mining", in dem Rechenkapazitäten für die Blockchain zur Verfügung gestellt werden. Die Verfügungsgewalt über Bitcoin lässt sich über den notwendigen individuellen Schlüssel (Private Key) begründen.

Wahrscheinlicher zukünftiger Mittelzufluss

Der wahrscheinliche zukünftige Mittelzufluss besteht darin, dass Bitcoins entweder als virtuelles Zahlungsmittel in der Blockchain eingesetzt werden können oder durch Umtausch in herkömmliches Geld transferiert werden können.

Verlässliche Bewertung möglich

Für Bitcoin besteht ein aktiver Markt, der garantiert, dass der Wert eines Bitcoins in Schweizer Franken oder einer anderen funktionalen Währung (Bilanzierungswährung gemäss Art. 958d Abs. 3 OR) verlässlich abgebildet werden kann (vgl. EXPERTsuisse, 2017, S. 5).

Als Fazit lässt sich festhalten, dass Bitcoins damit grundsätzlich die Ansatzkriterien des Art. 959 Abs. 2 OR erfüllen. Sie unterliegen damit einer Aktivierungspflicht. In einem nächsten Schritt ist zu entscheiden, welche Bilanzposten zur Aktivierung verwendet werden kann. Art. 959a Abs. 1 OR bildet die Mindestgliederung der Bilanz ab. Grundsätzlich sind verschiedene Posten für die Aktivierung denkbar.

Flüssige Mittel
Unter diesen in der Geldflussrechnung verwendeten Begriff (Art. 961b OR) lassen sich in der Praxis Kassenbestände, Post- und Bankguthaben sowie kurzfristig (in der Regel innert drei Monaten nach dem Bilanzstichtag) fällige „cash equivalents", d. h. in flüssige Mittel wandelbare Finanzvermögenswerte wie z. B. Festgeldanlagen oder in 90 Tagen fällig werdende Obligationenanleihen subsumieren. In der Praxis lässt sich feststellen, dass flüssige Mittel entweder einem Zahlungsmittel im Sinne der nationalen Währung und/oder einer Fremdwährung entsprechen. Bitcoin ist in diesem Sinne keine Währung; von Ausnahmen abgesehen auch kein allgemein anerkanntes gesetzliches Zahlungsmittel. Zwar kann auch in Franken lautendes Buchgeld oder elektronisches Geld nicht direkt als gesetzliches Zahlungsmittel beansprucht werden, aber es besteht jederzeit ein Anspruch auf eine 1:1-Umwandlung in das gesetzliche Zahlungsmittel. Für fremde Währungen wie Dollar, Euro etc. lässt sich Ähnliches festhalten. Auch die Volatilität der Kryptowährung ist vergleichsweise hoch (vgl. EXPERTsuisse, 2017, S. 5). Des Weiteren hat der Schweizer Bundesrat in einem Bericht über digitales Zentralbankengeld davon abgesehen, Kryptowährungen als gesetzliches Zahlungsmittel vorzuschlagen resp. dem digitalen Zentralbankengeld gleichzustellen (vgl. Bundesrat, 2018, S. 19 f.).

Kurzfristig gehaltene Aktiven mit Börsenkurs oder Finanzanlagen
Art. 959a Abs. 1 OR sieht vor, dass kurzfristig gehaltene Aktiven mit Börsenkurs im Umlaufvermögen zu bilanzieren sind. Langfristig gehaltene Aktiven (mit oder ohne Börsenkurs) sind als Finanzanlagen im Anlagevermögen zu zeigen.

   Umlaufvermögen: Aktiven wie Bitcoin weisen einen handelbaren Wert auf, der mit einem Börsenkurs durchaus vergleichbar ist. Bitcoin ist kein Wertpapier i. S. der Definition des Art. 965 OR. Die im Gesetz verwendete Terminologie der kurzfristig gehaltenen Aktiven mit Börsenkurs wird in der Praxis häufig als „Wertschriften" bilanziell erfasst. Letztere sind jedoch nicht dasselbe wie „Wertpapiere". Wertschriften sind ein weit gefasster Begriff, auch gewisse Forderungs- und Beteiligungsrechte ohne Wertpapiercharakter, Gold und andere Edelmetalle werden üblicherweise mit Wertschriften zusammen ausgewiesen, obwohl es sich, eng betrachtet, nicht um Wertschriften im Sinne des Wertpapierrechts handelt (vgl. EXPERTsuisse, 2014, Abschn. IV.2.3.1). Die Position Wertschriften könnte damit auch Bitcoin enthalten.

   Anlagevermögen: Als Finanzanlagen können auch Wertschriften ausgewiesen werden. Die Klassifizierung von Bitcoin als Wertschriften innerhalb der Finanzanlagen ist dann möglich, wenn das Motiv der Investition darin besteht, ein langfristiges Engagement einzugehen.

Forderungen

Bitcoin stellen rechtlich keine Forderungen dar: Es existiert keine Gegenpartei. Deshalb ist eine Klassifizierung als kurz- oder langfristige Forderung nicht sachgerecht. Auch die Teilnehmenden eines DLT-Netzwerks sind nicht verpflichtet, ihre Rechenleistung in Zukunft zur Verfügung zu stellen oder eine bestimmte Transaktion zu verarbeiten. Analoges gilt auch, wenn Bitcoins in einem Depot (sog. Wallet) bei einer Bank gehalten werden. Diese Form der Aufbewahrung lässt sich am ehesten mit einem klassischen Wertschriftendepot vergleichen, bei dem jeweils nur eine Forderung nach dem (identischen) Vermögenswert besteht, nicht aber nach einer Herausgabe von flüssigen Mitteln (da das Depot nicht einen bilanziellen Vermögenswert der Bank darstellt).

Vorräte

Vorräte enthalten neben den in Art. 960c OR erwähnten Subposten wie Rohstoffe, Halb- und Fertigfabrikate unter Umständen auch weitere, im Rahmen der operativen Geschäftstätigkeit zur Veräusserung bestimmte Aktiven. Dies würde im Fall von Kryptowährungen insbesondere drei Geschäftsmodelle betreffen: 1) Unternehmen, die Kryptowährungen aus dem eigenen Bestand handeln oder für ihre Kunden bereitstellen; 2) Miner, die einen Teil der Kryptowährungen, welche sie als Gebühren eingenommen oder via Mining geschaffen haben, zur Finanzierung ihrer Betriebsausgaben verkaufen; und 3) Unternehmen, die Kryptowährungen primär für die Nutzung der DLT im Zuge der Bereitstellung ihrer Waren oder Dienstleistungen (ähnlich wie Hilfs- und Betriebsstoffe) nutzen.

Immaterielle Anlagen

Immaterielle Anlagen als Teil des Anlagevermögens beinhalten identifizierbare, nicht-monetäre Aktiven ohne physische Substanz. Bekannte Elemente dieser Kategorie sind Konzessionen, Patente, Lizenzen etc. Langfristig gehaltene Bitcoin korrespondieren mit dieser Umschreibung.

3.3.2 Steuerrecht

Gemäss Art. 58 Abs. 1 lit. a DBG (Bundesgesetz über die direkte Bundessteuer) setzt sich der steuerbare Reingewinn aus dem Saldo der Erfolgsrechnung, ggf. unter Berücksichtigung der Verlustvorträge früherer Perioden, zusammen. Der Erfolg nach OR wird angepasst durch alle vor Berechnung des Saldos der Erfolgsrechnung ausgeschiedenen Teile des Geschäftsergebnisses, die nicht zur Deckung des geschäftsmässigen Aufwandes verwendet werden, wie insbesondere die geschäftsmässig nicht begründeten Abschreibungen und Rückstellungen sowie die der Erfolgsrechnung nicht gutgeschriebenen Erträge. Es gilt das Prinzip der Massgeblichkeit der nach den Regeln des Handelsrechts aufgestellten Handelsbilanz auch für die Steuerbilanz, unter Vorbehalt der steuerrechtlichen Korrekturvorschriften sowie der zwingenden handelsrechtlichen Vorschriften.

Insofern sind die handelsrechtlich vorgenommenen Aktivierungen resp. darauf vorgenommene Wertberichtigungen steuerlich massgeblich. Zur Bewertung von Bitcoins gibt die Eidgenössische Steuerverwaltung seit dem 31.12.2015 einen eigenständig ermittelten, für die Vermögenssteuer massgeblichen Umrechnungskurs vor (vgl. https://www.ictax.admin.ch/extern/de.html#/ratelist/2020, abgerufen am 06.10.2021).

3.3.3 SWISS GAAP FER

Die hier anzustellenden Überlegungen sind vergleichbar mit den bereits unter OR gemachten Überlegungen. Deshalb werden nachfolgend v. a. die Unterschiede zwischen diesen beiden Rechnungslegungsnormen dargestellt. Die Umschreibung des Begriffs der „Aktiven" findet sich im Rahmenkonzept der Swiss GAAP FER (SGF). Gemäss SGF Rahmenkonzept/15 entstehen Aktiven aus vergangenen Ereignissen; deshalb sind die Voraussetzungen zur Aktivierung als erfüllt zu betrachten (vgl. zu weitergehenden Überlegungen die Ausführungen zum obligationenrechtlichen Abschluss). Auch hier stellt sich die Frage, welcher in SGF 3 vorgesehene aktive Bilanzposten zur Erfassung geeignet ist.

Flüssige Mittel
Analog zur obligationenrechtlichen Einordnung, erfüllen Kryptowährungen die Kriterien für „Flüssige Mittel" (vgl. dazu auch SGF 4/4 mit analoger Umschreibung wie im handelsrechtlichen Abschluss) nicht. SGF 4/4 erwähnt zudem ausdrücklich, dass geldnahe Mittel nur unwesentlichen Wertschwankungen unterliegen dürfen.

Wertschriften
Die Überlegungen bezüglich der Zuordnung von Bitcoins zu den Wertschriften sind identisch zu denjenigen des obligationenrechtlichen Abschlusses.

Forderungen
Die Überlegungen bezüglich der Zuordnung von Bitcoins zu kurz- oder langfristigen Forderungen sind identisch zu denjenigen des obligationenrechtlichen Abschlusses.

Vorräte

Die Überlegungen bezüglich der Zuordnung von Bitcoins zu Vorräten sind identisch zu denjenigen des obligationenrechtlichen Abschlusses. SGF betont insbesondere, dass Vorräte entweder zur Veräusserung im ordentlichen Geschäftsverlauf bestimmt sind oder bei der Erstellung von Gütern respektive Dienstleistungen verbraucht werden (analog einem Roh- oder Hilfsstoff, vgl. SGF Rahmenkonzept/16, SGF 17/1 und 17/7).

Immaterielle Werte

Gemäss SGF 10/1 sind immaterielle Werte nicht-monetär und ohne physische Existenz. In Anbetracht der Ausführungen zur obligationenrechtlichen Behandlung trifft die Definition auf Kryptowährungen zu. SGF ergänzt präzisierend, dass immaterielle Werte nur zu bilanzieren sind, wenn sie für die Organisation über mehrere Jahre einen messbaren Nutzen bringen (vgl. SGF 2/34 und 2/35 bzw. SGF 10/3 und 10/4).

3.4   Nach IFRS

Die Motivation für die Etablierung internationaler Rechnungslegungsstandards (International Financial Reporting Standards, IFRS) war unter anderem, eine höhere Transparenz zu schaffen, die Vergleichbarkeit der Abschlüsse kapitalmarktorientierter Unternehmen global zu erleichtern und das Vertrauen in die Finanzmärkte zu stärken (André, 2017, S. 2; Erkilet & Kholmy, 2016). Damit sollte der internationale Anlegerschutz gestärkt werden, da sich Unternehmen vermehrt Kapital auf globaler Basis beschaffen (Erkilet & Kholmy, 2016; Norton, 2012). Die zu nutzenden IFRS werden vom internationalen Rechnungslegungsstandardgremium (International Accounting Standards Board, IASB) entwickelt und verabschiedet. Im Jahr 2001 wurde das unabhängige privatwirtschaftliche Gremium umbenannt. Gegründet wurde die Organisation 1973 als International Accounting Standard Committee (IASC) (Dhankar, 2019; van Tendeloo & Vanstraelen, 2005, S. 155). Das IASB setzt sich aus vierzehn internationalen Rechnungslegungsexpertinnen zusammen (Dhankar, 2019; IFRS, 2018, S. A97). Ferner werden neben den eigentlichen Standards auch Interpretationen zur Klarstellung bestimmter Standards herausgegeben. Im Jahr 2001 wurde das zuständige Standing Interpretations Committee (SIC) zum International Financial Reporting Interpretations Committee (IFRIC) umbenannt (Bradbury, 2007). Dieses Komitee hat das Ziel, die Auslegungen der IFRS/IAS durch Interpretationen zu ergänzen, insbesondere in den Fällen, in denen die Standards von der Praxis unterschiedlich oder falsch interpretiert werden (Bradbury, 2007, S. 109 f.; IFRS, 2018, SP 1.1). Mit der im Jahr 2002 verabschiedeten Verordnung der Europäischen Kommission (EG-Verordnung Nr. 1606/2002; Singleton-Green, 2015, S. 2) wurde es für kapitalmarktorientierte Unternehmen in der EU verpflichtend ab dem Geschäftsjahr 2005 ihre Abschlüsse nach IFRS zu erstellen (Raffournier & Schatt, 2018, S. 345). Hiervon betroffen waren börsennotierte Unternehmen, deren Wertpapiere auf geregelten Märkten gehandelt wurden Nicht-börsennotierte Unternehmen und KMUs haben die Wahl, freiwillig nach IFRS zu bilanzieren (André, 2017, S. 3 ff.). Für Schweizer Unternehmen hingegen sind IFRS nicht obligatorisch; vielmehr obliegt es den notierten Unternehmen selbst, zwischen den IFRS, den Swiss GAAP FER oder US GAAPs zu wählen (Raffournier & Schatt, 2018, S. 346). Auch hat der Schweizer Bundesrat in einer Verordnung IFRS als möglichen „anerkannten Standard" zur Rechnungslegung aufgeführt (Schweizer Bundesrat: Verordnung über anerkannte Standards zur Rechnungslegung, VASR, Stand 01.01.2020). Sofern sich ein Schweizer Unternehmen dafür entschieden hat, Bücher nach IFRS zu führen, bleibt die Option offen, in das vorgehende Regelwerk (wie bspw. den Swiss GAAP FER) zurückzuwechseln (Raffournier & Schatt, 2018, S. 346).

Sowohl in Deutschland als auch in Österreich geht eine Pflicht für kapitalmarktorientierte Unternehmen einher, Bücher nach IFRS zu führen (§ 315e Abs. 1 und 2 HGB; § 245a Abs. 1 UGB).

Es stellt sich die Frage, in welcher Bilanzpositionen Kryptowährungen in der IFRS-Bilanz ausgewiesen werden können. Tab. 3.3 zeigt denkbare Bilanzpositionen auf. Auch wird dargestellt, nach welchem Standard die Erst- und Folgebewertung vorgenommen werden muss. Denkbare Bilanzpositionen sind Finanzinstrumente, Immaterielle Vermögensgegenstände und Vorräte.

Um eine korrekte bilanzielle Abbildung zu gewährleisten, wird im Folgenden dem Rahmenkonzept des IASB gefolgt. Das Rahmenkonzept wird immer

Tab. 3.3 Übersicht denkbarer Bilanzpositionen nach IFRS

Denkbare Bilanzposition	Finanzinstrumente	Immaterielle Vermögensgegenstände	Vorräte
Standard	IFRS 9 i. V. m. IAS 32	IAS 38	IAS 2
Zulässigkeit gegeben? (Ja/Nein)	Nein	Ja	Ja

dann herangezogen, wenn die vorhandenen Standards keine speziellen Regeln beinhalten (IFRS, 2018, SP 1.1).

Zunächst wird geprüft, ob Kryptowährungen überhaupt aktivierbar sind; hierbei wird geschaut, ob es sich bei Kryptowährungen um einen Vermögenswert handelt. Ein Vermögenswert ist nach IFRS dadurch gekennzeichnet, dass es als eine Ressource aufgefasst wird, die in der Verfügungsmacht des Unternehmens steht, und die ein Ergebnis von Ereignissen der Vergangenheit darstellt (IFRS, 2018, F 4.4(a)). Daneben muss dem Unternehmen aus dieser Ressource ein zukünftiger wirtschaftlicher Nutzen zufliessen, und seine Anschaffungs- oder Herstellungskosten oder sein Wert verlässlich ermittelt werden können (IFRS, 2018, F 4.44). Wird davon ausgegangen, dass ein Unternehmen Kryptowährung entgeltlich erwirbt und diese in einem Wallet aufbewahrt und darüber verfügt, hat der Nutzer die alleinige Nutzungsmöglichkeit und Verfügungsmacht über die Kryptowährung (Sopp & Grünberger, 2018). Dies impliziert, dass das bilanzierende Unternehmen über die tatsächliche Herrschaft der Kryptowährung vor dem Bilanzstichtag verfügen muss. Weiterhin kann durch einen Tausch in Fiat-Währungen (wie Euro, Schweizer Franken oder US-Dollar) ein zukünftiger Nutzen gestiftet werden (Kirsch & von Wieding, 2018). Wie bereits erwähnt wurde, existieren zahlreiche Börsen, auf denen Wechselkurse vorhanden sind, um den Wert zwischen Kryptowährung und Fiat-Währung zu ermitteln. Diese hohe Anzahl an Börsen und den hervorgehenden Kursen stellt jedoch ein praktisches Problem dar. Eine sich ergebende Problematik stellt sich durch mögliche Arbitrage-Geschäfte dar (Fischer et al., 2019). Weiterhin könnte die hohe Volatilität im Widerspruch zu einer verlässlichen Ermittlung stehen (Kirsch & von Wieding, 2018). Wird von den starken Schwankungen abgesehen, liegen im Falle von Kryptowährungen die notwendigen Voraussetzungen der abstrakten und konkreten Bilanzierungsfähigkeit vor. Zudem liegt kein explizites Bilanzierungsverbot von virtueller Währung in den IFRS vor. Folglich müssen Kryptowährungen bilanziert werden (IAS 2.9; IAS 38.21; McGuire & Massoud, 2018, S. 5 f.).

Im Folgenden wird erörtert, ob die Bilanzposition der Finanzinstrumente als zulässig gilt. Finanzinstrumente sind als Verträge definiert, die bei einem Unternehmen zu einem finanziellen Vermögenswert und bei einem anderen Unternehmen zu einer finanziellen Verbindlichkeit oder einem Eigenkapitalinstrument führen (IAS 32.11). Weiterhin kann die Bilanzposition der Finanzinstrumente in Zahlungsmittel, Zahlungsmitteläquivalente und sonstige finanzielle Vermögenswerte unterteilt werden (IAS 32.11). Somit ist bspw. eine Zuweisung zu den Zahlungsmitteln oder Zahlungsmitteläquivalenten nicht sachgerecht, da die Akzeptanz von Kryptowährungen im Vergleich zu Fiat-Währungen gering ist

(McGuire & Massoud, 2018). Zudem war bislang der Status als gesetzlich anerkanntes Zahlungsmittel für die Einstufung als Zahlungsmittel entscheidend (Sopp & Grünberger, 2018). Kryptowährungen werden weder von einer Zentralbank erstellt noch emittiert (Hanl & Michaelis, 2017, S. 363; Procházka, 2019, S. 217). Ein Ansatz als sonstiger finanzieller Vermögenswert ist für IFRS-bilanzierende Unternehmen auch unzulässig, da die Grundvoraussetzung dafür das Vorliegen eines vertraglichen Rechtes (IAS 32.11) ist. Denn im Allgemeinen ergeben sich durch das Halten von Kryptowährungen, die als reines Tauschmittel Verwendung finden, (wie z. B. Bitcoins) keine Leistungsverpflichtungen (Ng, 2019). Der Abschluss der Transaktion ist zwar durch ein Protokoll ersichtlich, ist jedoch als Vertragsgrundlage nicht ausreichend. Die meisten Kryptowährungen verleihen dem Inhaber keine Rechte an Bargeld – mit Ausnahme der Stablecoins (Hampl & Gyönyörová, 2021, S. 4 f.) – oder anderen finanziellen Vermögenswerten (Brukhanskyi & Spilnyk, 2019, S. 385 f.; Deloitte, 2018). Auch das IFRIC (2019) ist der Meinung, dass die derzeitige Ausgestaltung einer Kryptowährung nicht ausreichend ist, um diese als einen sonstigen finanziellen Vermögenswert auszuweisen. Damit sind Kryptowährungen nicht als Finanzinstrumente zu bilanzieren.

Ein immaterieller Vermögensgegenstand ist nach den IFRS anzusetzen, wenn die allgemeinen sowie zusätzlichen Ansatzkriterien erfüllt sind (IAS 38; IAS 38.BC5). In den IFRS werden hierfür drei allgemeine Eigenschaften definiert. Diese sind (a) Identifizierbarkeit, (b) Verfügungsmacht und (c) künftiger wirtschaftlicher Nutzen (IAS 38.8). Die Eigenschaft der Identifizierbarkeit ist gegeben, wenn der Gegenstand separierbar ist, d. h. ein Vermögenswert kann einzeln getauscht, verkauft oder übertragen werden (IAS 38.12). Im Falle von Kryptowährungen ist dieses Kriterium erfüllt, da sie klar abgegrenzt in einem Wallet gehalten werden. Sie können auch einzeln veräussert werden. Die Verfügungsmacht der Kryptowährung erhält ein Unternehmen durch den Erwerb auf den Handelsplätzen im Internet. Gleichzeitig kann durch einen personalisierten Zugangsschlüssel (sog. PUK) der Zugang für Dritte ausgeschlossen werden (Procházka, 2019, S. 217). Die letzte Eigenschaft (c) ist für Kryptowährungen durch einen zukünftigen Verkauf oder durch einen Tausch gegen Waren oder Dienstleistungen ebenfalls als erfüllt anzusehen. Ferner sind zwei Zusatzkriterien zu erfüllen. Diese beinhalten (d) die nicht gegebene physische Substanz und (e) die nicht-monetäre Beschaffenheit des immateriellen Vermögenswertes (IAS 38.8). Es handelt sich bei Kryptowährungen um eine digitale Abbildung bzw. um eine Abbildung, die auf Kryptographie beruht (Procházka, 2019, S. 217). Somit liegt keine physische Substanz vor. Die letzte Eigenschaft bietet jedoch Raum für Diskussionen. Denn die bereits beschriebene Eigenschaft, dass Kryptowährungen an

Handelsplätzen in eine Fiat-Währung umgetauscht oder zum Kauf von Waren und Dienstleistungen verwendet werden können, führt dazu, dass sie einen monetären Charakter besitzen. Dies würde zu einem Ausschluss der Bilanzierung als immaterieller Vermögensgegenstand führen. Im Allgemeinen sind monetäre Vermögenswerte entweder im Bestand befindliche Geldmittel oder Vermögenswerte, für die das Unternehmen einen festen oder bestimmbaren Geldbetrag erhält. Kryptowährungen werden im Allgemeinen als nicht-monetärer Vermögenswert betrachtet (EY, 2018b, S. 22; McGuire & Massoud, 2018, S. 6 f.). Auch wurden Kryptowährungen bereits als Finanzinstrumente ausgeschlossen (IFRIC, 2019). Damit werden die Merkmale eines immateriellen Vermögensgegenstands zwar nicht exakt, aber im Wesentlichen erfüllt. Neben dem IFRIC (2019) wird dies auch von den Wirtschaftsprüfungsgesellschaften Ernst und Young (2018a) und Deloitte (2018) bestätigt. Eine Bilanzierung als immaterieller Vermögenswert ist zulässig.

Für die Bilanzierung von Kryptowährungen unter den Vorräten ist IAS 2 einschlägig. IAS 2 regelt die Bilanzierung und Bewertung von Vorräten. Neben physischen Vorräten greift dieser Standard auch bei immateriellen Gegenständen des Vorratsvermögens. Allgemein sind Vorräte Vermögenswerte, die zum Verkauf im normalen Geschäftsgang gehalten werden, die sich in der Herstellung für einen solchen Verkauf befinden oder die als Roh-, Hilfs- und Betriebsstoffe dazu bestimmt sind, bei der Herstellung oder der Erbringung von Dienstleistungen verbraucht zu werden (IAS 2.6). Der Standard enthält keine Vorschriften darüber, ob Vorräte eine physische Form aufweisen müssen. Diese Umstände würden bspw. auf Unternehmen zutreffen, die ihr Portfolio in Kryptowährungen aktiv bewirtschaften oder sie für ihre Kunden, wie z. B. durch Warenmakler und -händler, bereitstellen. Auch Miner können darunter fallen, sofern sie ihre durch Mining erhaltenen Kryptowährungen zur Finanzierung ihrer Hardware, des Energiebezuges oder der Miete verkaufen (IFRIC, 2019; Petry, 2018b). Folglich können Kryptowährungen in diesen Fällen als Vorräte angesetzt werden.

Um die Vermögenslage eines Unternehmens verständlich darzustellen, müssen Vermögenswerte unterschiedlicher Art und Funktion gesondert ausgewiesen werden (IAS 1.55 i. V. m. IAS 1.57(b)). Ein gesonderter Ausweis von Kryptowährungen würde infrage kommen, wenn sich das Verständnis des Jahresabschlusses für die Adressaten erhöht. Der Standard IAS 1.54 liefert ein Mindestgliederungsschema, welches bei Bedarf erweitert werden kann. Dies eröffnet bilanzierenden Unternehmen einen Gestaltungsspielraum. Da das IASB noch keinen expliziten Standard zur Bilanzierung von Kryptowährungen verabschiedet hat, ist es dem Management erlaubt, eine Bilanzierungs- und Bewertungsmethode zu entwickeln und anzuwenden (Procházka, 2019, S. 224). Die Voraussetzung hier ist, dass die eigenständig entwickelte Methode zu relevanter und zuverlässiger Information führt (IAS 8.10). Zusätzlich wird von IAS 8.11 verlangt, dass bei der Beurteilung sowohl die Bestimmungen und Hinweise in Standards und Interpretationen als auch die im Rahmenkonzept enthaltenen Definitionen, Erfassungskriterien und Bewertungskonzepte Beachtung finden. Diese Option könnte für Unternehmen interessant sein, die unterschiedliche Kryptowährungen mit diversen Funktionen halten.

3.5 Vergleich der Rechnungslegungsnormen

Tab. 3.4 zeigt einen Vergleich der möglichen Bilanzpositionen, basierend auf den hier diskutierten nationalen und internationalen Rechnungslegungsnormen, für Kryptowährungen. Weitestgehend sind die Regeln für die Bilanzierung dem Grunde nach sehr ähnlich. In den DACH-Staaten ist eine Bilanzierung in den Bilanzpositionen Vorräte und der immateriellen Vermögensgegenstände zulässig. Hingegen ist es Konsens, dass die Bilanzpositionen der liquiden Mittel und die der Forderungen als unzulässig gelten. Lediglich der Schweizer Regulierer erlaubt eine Bilanzierung in den Finanzinstrumenten (sowohl im Anlage- als auch im Umlaufvermögen).

Tab. 3.4 Ein Überblick über die Zulässigkeit der Bilanzpositionen in den diskutierten Normen

Bilanzposition	Rechnungsnorm				
	HGB	UGB	OR	SGF	IFRS/IAS
Liquide Mittel (Kasse, etc.)	Nein	Nein	Nein	Nein	Nein
Vorräte	Ja	Ja	Ja	Ja	Ja
Finanzinstrumente des Anlagevermögens	Nein	Nein	Ja	Ja	Nein
Finanzinstrumente des Umlaufvermögens	Nein	Nein	Ja	Ja	Nein
Immaterielle Vermögensgegenstände	Ja	Ja	Ja	Ja	Ja
Forderungen	Nein	Nein	Nein	Nein	Nein
Sonstige Vermögensgegenstände	Ja	Nein	Nein	Nein	Nein

Bilanzierung der Höhe nach 4

4.1 Nach deutschem HGB

Die Frage nach der Bewertung der Kryptowährungsbestände ist nach dem deutschen HGB differenziert danach zu beantworten, ob es sich um Kryptowährungen handelt, die im Umsatzprozess als Zahlungsmittel erlangt worden oder danach, ob es selbst geschürfte Kryptowährungen sind. Zunächst wird die Frage nach Bewertung von als Gegenleistung für Verkäufe erhaltene Kryptowährungen besprochen.

Bei der Erstbewertung sind die Bestände mit den Anschaffungskosten zu bewerten. Die Anschaffungskosten sind immer dann leicht zu bestimmen, wenn das bilanzierende Unternehmen die Kryptowährung entgeltlich z. B. auf einer Handelsplattform erworben hat. In diesem Fall sind zu den dafür gezahlten Beträgen in Euro oder einer anderen Fiat-Währung noch die Anschaffungsnebenkosten (Provisionen, Gebühren für den Handel etc.) hinzuzählen. Nicht hinzugezählt werden die Kosten für die Einrichtung und das Bestehen eines Wallets (EY, 2018b). Grund dafür ist, dass diese Kosten nicht einer bestimmten Transaktion zuzuordnen sind. Damit qualifizieren sie sich nach HGB nicht als Anschaffungsnebenkosten.

Problematischer ist die Bemessung der Anschaffungskosten, wenn die Kryptowährung als Entgelt für die Begleichung einer Schuld (z. B. im regulären Verkaufsprozess des bilanzierenden Unternehmens) akzeptiert worden ist. Dieser Prozess stellt einen Tausch dar, da Kryptowährungen nach deutschem Recht keine gesetzlichen Zahlungsmittel sind und damit nicht als normale Umsatzrealisierung angesehen werden (Sopp, 2018). Im Rahmen eines Tauschs können die Anschaffungskosten durch den Gegenwert des eingetauschten Gutes bemessen werden (Staub, 2021; § 255, Tz. 13). Diese erfolgsneutrale Buchung wäre im

S. Behringer et al., *Kryptowährungen im Rechnungswesen*, essentials, https://doi.org/10.1007/978-3-658-36054-2_4

Umsatzprozess, der ja originär auf Gewinnerzielung ausgerichtet ist, nicht sinnvoll. Stattdessen sollte der Zeitwert der Kryptowährung angesetzt werden. Dieser lässt sich mithilfe von Kursen, die den Wert der Kryptowährung in eine Fiat-Währung übersetzen, auf Handelsplattformen ermitteln. Diese bezeichnen sich zwar häufig als Börse, fallen aber nicht unter die Legaldefinition des § 2 BörsG, die eine amtliche Anerkennung erfordert, die bei diesen Handelsplattformen nicht gegeben ist. Es handelt sich folglich um einen Marktpreis. In der Regel wird man konstatieren können, dass es Handelsplattformen gibt, die ausreichend liquide sind und damit einen aktiven Markt darstellen. Des Weiteren müssen die angesetzten Kurse nicht von Sondereffekten bzw. zufälligen Ereignissen beeinflusst sein (Wohlgemuth & Radde, 2021). Aufgrund der Vielzahl und Heterogenität der verschiedenen Handelsplattformen für Kryptowährungen ergeben sich erhebliche Ermessensspielräume für den Bilanzierenden (Ummenhofer & Zeitler, 2018). Es gibt derzeit keine Handelsplattform, die sich als Leitbörse herauskristallisiert. Wendet man einen Mittelkurs über verschiedene Handelsplattformen an, so verbleibt die Möglichkeit, die einzubeziehenden Plattformen auszuwählen und damit den resultierenden Kurs zu beeinflussen.

Anders zu bewerten sind Kryptowährungen, wenn sie von Mining-Unternehmen in den Vorräten gehalten werden. Hier sind die Herstellungskosten relevant. Die Herstellungskosten (Tab. 4.1) setzen sich aus den Materialkosten, den Fertigungskosten, den Sondereinzelkosten der Fertigung sowie angemessenen Teilen „der Materialgemeinkosten, der Fertigungsgemeinkosten und des Werteverzehrs des Anlagevermögens, soweit dieser durch die Fertigung veranlasst ist" (§ 255 Abs. 2 Satz 2 HGB) zusammen. Die Bewertung ist dabei davon unabhängig, ob die Kryptowährungen später im Umlauf- oder im Anlagevermögen gehalten werden. Ausserdem besteht ein Wahlrecht für den Ansatz von Verwaltungskosten, die im Zeitraum der Fertigung angefallen sind. Nicht angesetzt werden dürfen Vertriebs- und Forschungsaufwendungen. Diese Regeln haben einen starken Bezug zu physischen Produktionsprozessen, weshalb genau geprüft werden muss, welche Elemente bei der Aktivierung von selbst erzeugten Kryptowährungen anzusetzen sind.

Materialkosten im eigentlichen Sinne gibt es beim Mining nicht. Es werden zwar Rechnerkapazitäten und Software verwendet, um Kryptowährungen zu erzeugen. Diese gehen aber nicht in das Produkt ein, sondern bestehen als Potenzialfaktoren (Bloech et al., 2014, S. 7) weiter. Sie haben auch nach einem Produktionsvorgang weiterhin das Potenzial, neue Einheiten von Kryptowährungen zu erzeugen. Insofern wird es regelmässig keine Materialkosten beim Mining von Kryptowährungen geben.

Tab. 4.1 Bestimmung der Herstellkosten für selbst erstellte Kryptowährungen

Position	Beispiele	Relevanz/Ansatz
Materialkosten		Nicht relevant
Fertigungseinzelkosten	Löhne für den Mining-Prozess zuzüglich Nebenkosten (Sozialversicherungen etc.)	
Sondereinzelkosten der Fertigung		In der Regel nicht relevant
Fertigungsgemeinkosten	Betriebskosten, insbesondere die Kosten für den verwendeten Strom, die Kühlung	
Abschreibungen	Abwertungen auf Hard- und Software, evtl. sind die Nutzungsdauern aufgrund steigenden Aufwands für das Mining zu verkürzen	
Angemessene Teile der Verwaltungskosten	Nur diejenigen Verwaltungskosten, die während des Produktionsprozesses angefallen sind (vorsichtige Schätzung)	Wahlrecht für den Ansatz
Vertriebskosten		Ansatzverbot
Forschungskosten		Ansatzverbot (in der Regel nicht relevant)

Fertigungseinzelkosten sind insbesondere die Lohnkosten inklusive der Nebenkosten (Rade, 2011). Diese Kosten sollten leicht bestimmbar sein, da sich die Zeiten, wann, welcher Mitarbeiter einen Rechner zu Mining Zwecken bedient hat, eindeutig bestimmen lassen. Laufen mehrere Mining-Prozesse parallel, so ist das anzusetzende Gehalt auf die Mining-Vorgänge aufzuteilen (Ummenhofer & Zeitler, 2018).

Sondereinzelkosten der Fertigung – wie Spezialwerkzeuge – werden bei Mining-Prozessen von Kryptowährungen gar nicht oder nur in Spezialfällen eine Rolle spielen und sind daher im Regelfall zu vernachlässigen.

Fertigungsgemeinkosten spielen im Mining-Prozess eine erhebliche Rolle. In diese Rubrik fallen die Stromkosten. Diese sind – selbst bei separaten Abrechnungen – normalerweise nicht einem einzelnen Mining-Prozess zuzuordnen.

Genauso sind die Kosten zur Instandhaltung der Rechner und anderer Hardware zu behandeln. Die Abschreibungen auf die Hard- und Software sind ebenfalls den Herstellungskosten zuzurechnen. Problematisch kann es sein, dass aufgrund der Struktur einiger Kryptowährungen (insbesondere auch des Bitcoins) eine bei Fortschreiten der Blockchain immer höhere Rechnerleistung erforderlich ist, um neue Bitcoins zu schürfen. Dies könnte dazu führen, dass die Nutzungsdauer geringer ist als in den amtlichen AfA-Tabellen vorgesehen (derzeit sind für Computer eine Nutzungsdauer von drei Jahren vorgesehen). Kann man eine andere Nutzungsdauer belegen, so kann die Nutzungsdauer entsprechend angepasst werden und die Herstellungskosten erhöht werden (Ummenhofer & Zeitler, 2018).

Bei den angemessenen Teilen der Verwaltungskosten sei auf die allgemeine Literatur zu den Herstellungskosten verwiesen (vgl. z. B. Coenenberg et al., 2018). Eine besondere Schwierigkeit kann bei dem Mining von Kryptowährungen allerdings dadurch entstehen, dass der Produktionsprozess zeitlich nicht klar einzugrenzen ist. Dieser hängt beispielsweise bei Bitcoins nicht nur von der eigenen Rechnerleistung, sondern auch von der Gesamtrechnerleistung des Bitcoin Netzwerks im Ganzen ab. Die anzusetzenden anteiligen Verwaltungskosten dürfen sich jedoch nur auf den Zeitraum der Produktion beziehen (Thurow, 2014, S. 198). Hier kann man einen vorsichtigen Ansatz empfehlen, der den einbezogenen Zeitraum im Zweifel gering wählt.

Nicht anzusetzen sind Vertriebskosten, was z. B. Kosten der Handelsplattformen, Mitgliedsbeiträge in Börsen oder Handelsplätzen sind. Nicht anzusetzen sind auch Aufwendungen für Forschung. Forschung ist nach § 255 Abs. 2a HGB definiert als „die eigenständige und planmässige Suche nach neuen wissenschaftlichen oder technischen Erkenntnissen oder Erfahrungen allgemeiner Art, über deren technische Verwertbarkeit und wirtschaftliche Erfolgsaussichten grundsätzlich keine Aussagen gemacht werden können." Da die Prozesse bekannt sind wie gängige Kryptowährungen entstehen und vom bilanzierenden Miner nur angewendet werden, kann man davon ausgehen, dass die ganzen Kosten nicht aktiviert werden dürfen.

Die Regeln zur Erstbewertung bei Kryptowährungen, die im Umsatzprozess erlangt werden, zu Anschaffungskosten und bei solchen Einheiten, die selbst erstellt werden, zu Herstellungskosten, bestimmen die Wertobergrenze für die Bestände. Die Folgebewertung richtet sich jetzt nicht mehr nach der Entstehung des Coins, sondern danach, ob es sich um Anlage- oder Umlaufvermögen handelt.

Ist die Kryptowährung im Anlagevermögen bilanziert, gelten zwei grundlegende Prinzipien der Bewertung: Zum einen muss abnutzbares Vermögen planmässig über die Nutzungsdauer abgeschrieben werden. Bei Beständen an Kryptowährung gibt es aber keine Abnutzung, die grundlegende Fähigkeit der

Kryptowährung ändert sich im Zeitablauf nicht. Daher scheidet eine planmässige Abschreibung aus. Aus Gründen des Vorsichtsprinzips sind aber zum zweiten, um das Vermögen richtig und vorsichtig zu bewerten, ausserplanmässige Abschreibungen anzusetzen. Diese entspringen dem gemilderten Niederstwertprinzip, was handelsrechtlich für Vermögensgegenstände des Anlagevermögens anzuwenden ist. Liegt eine voraussichtlich dauernde Wertminderung der Kryptowährungen vor, so muss auf den niederen Wert abgeschrieben werden. Dahingegen steht bei einer voraussichtlich kurzfristigen Wertminderung ein Abschreibungsverbot – dies würde nicht bei Finanzanlagen gelten, diese dürfen abgeschrieben werden (Kahle & Kopp, 2020, S. 120). Wie erläutert scheidet die Bilanzierung in der Position Finanzanlagen aber aus, da mit der Kryptowährung keine Kapitalüberlassung verbunden ist. Daher kann die Abwertung der Kryptowährung nur bei einer dauerhaften Wertminderung erfolgen. Fallen die Gründe für die Abschreibung auf den niedrigeren Wert weg, so ist sie rückgängig zu machen.

Fraglich ist, wann eine Wertminderung als dauerhaft zu klassifizieren ist. Dies wird bei börsennotierten Aktiva wie z. B. Aktien häufig – aber nicht sehr erhellend – mit einem nachhaltigen Absinken des Kurses unter den Ausgangswert erklärt (Patek, 2008, S. 690 mwN). Die konkrete Beurteilung der Dauerhaftigkeit knüpft an die Beschaffenheit eines Wirtschaftsguts an. Bei Kryptowährungen gibt es Marktpreise, die laufend über Handelsplattformen verfügbar sind. Die Volatilität ist in der Regel extrem gross (Michel, 2020, S. 23), wobei sich Kursgewinne und -verluste regelmässig abwechseln. Es ergibt sich also ein erheblicher Ermessensspielraum für den Bilanzierenden, wie er mit der Dauerhaftigkeit der Wertminderung umgeht. Steuerlich kann man sich in Analogie an dem BMF-Schreiben vom 2. September 2016 orientieren. Dieses qualifiziert eine Wertminderung dann als dauerhaft, wenn sie höher als 5 % gegenüber dem ursprünglichen Wert liegt (BMF, 2016). Als Orientierungspunkt kann man zusätzlich die folgenden drei vergangenheitsorientierten Kriterien heranziehen (Marx & Dallmann, 2019a, S. 221):

1. Die Differenz zwischen bisherigem Buchwert und Marktpreis ist nicht klein.
2. Der Marktpreis war die letzten sechs Monate mindestens 20 % unter dem Buchwert und während der letzten zwölf Monate mindestens 10 % darunter.
3. Die Kursentwicklung der bilanzierten Kryptowährung unterscheidet sich signifikant von der allgemeinen Marktentwicklung.

Im Umlaufvermögen gilt im Gegensatz zum Anlagevermögen das strenge Niederstwertprinzip. Die Zeitdauer der Wertminderung spielt keine Rolle. Der Wertansatz muss der niedrigste aus dem aktuellen Buchwert, dem Börsenkurs oder dem Marktpreis zum Bilanzstichtag sein. Ist der Buchwert höher als einer der anderen, ist eine Abschreibung zwingend vorzunehmen. Sind die Gründe für die Abwertung weggefallen, so darf der niedrige Wertansatz nicht mehr beibehalten werden (§ 253 Abs. 5 Satz 1 HGB), der Wert muss wieder aufgeholt werden. Der Marktpreis kann von den verschiedenen Handelsplattformen abgelesen werden. Hier ergibt sich für das bilanzierende Unternehmen erheblicher Ermessensspielraum. Es kann die grösste, die selbst bevorzugte oder auch eine opportune Handelsplattform für die Bemessung herangezogen werden. Nachvollziehbar wäre aber die Heranziehung der Plattform mit dem höchsten Kurs für einen Verkauf, da dies auch der höchste tatsächlich drohende Verlust eines rational handelnden Kaufmanns ist (Ummenhofer & Zeitler, 2018, S. 448).

Auf den Handelsplattformen gibt es einen Kauf- und Verkaufskurs. Abzustellen ist auf den Verkaufskurs, der ja auch in der Praxis genutzt werden muss, um Kryptowährungen in gesetzliche Zahlungsmittel umzutauschen und damit den realisierbaren Wert einer Kryptowährung ausdrückt. Diese Vorgehensweise entspricht der Methode bei anderen Vermögensgegenständen, bei denen auch jeweils der Preis vom Absatzmarkt verwendet werden soll.

Werden die Kryptowährungen zu unterschiedlichen Zeitpunkten erworben und auch wieder umgetauscht, so stellt sich die Frage, ob ein Verbrauchsfolgeverfahren (LiFo, FiFo, Durchschnittsmethode) zur Vereinfachung der Rechnungslegung (Auer & Schmidt, 2012, S. 297) anwendbar ist. Dies ist zu verneinen, da diese nur auf Vorräte angewendet werden dürfen. In der Literatur finden sich allerdings Stimmen, die auch eine Anwendung der Durchschnittsmethode für vertretbar halten (Gerlach & Oser, 2018, S. 1543).

Besonderheiten gibt es bei der Bewertung von Stablecoins. Sie werden durch einen zugrunde liegenden Vermögenswert besichert (sog. collateralised Stablecoins). Der bekannteste Stablecoin ist der US-Dollar Tether. Dieser ist durch US-Dollar besichert. Ziel der Stablecoins ist es, die extremen Wertschwankungen der Kryptowährungen durch die Besicherung mit einer weitverbreiteten Währung abzumildern (Fantacci & Gobbi, 2021). Pläne gibt es auch bei den grossen Zentralbanken digitale Währungen auszugeben. So findet sich die chinesische Zentralbank mit dem E-Renminbi bereits im Praxistest. Aber auch die US-amerikanische Zentralbank, die Europäische Zentralbank und die Schweizer Nationalbank befinden sich im fortgeschrittenen Stadium der Entwicklung von digitalen Währungen (Holtze-Jen, 2021, S. 622).

Bei den besicherten Stablecoins treten in der Praxis erhebliche Probleme auf. Der Kurs entspricht häufig nicht dem theoretischen Austauschwert, der sich durch die Besicherung mit dem zugrunde liegenden Währungskorb rechnerisch ergeben hätte. Dies hängt auch damit zusammen, dass erhebliche Ausfallrisiken bei dem Umtausch in die zugrunde liegende Währung bestehen. Insofern wird man immer noch nicht von Kassenbeständen (HGB) oder Zahlungsmitteläquivalenten sprechen können (so auch Marx & Dallmann, 2019, S. 130 f.). Dies wird bei elektronischen Zentralbankwährungen anders sein. Aufgrund der Zentralbankeigenschaft der ausgebenden Stelle sind keine Ausfallrisiken mehr anzunehmen. Im Anlagevermögen kann man die Stablecoins als Finanzinstrumente ansetzen, da hier eine Vertragsbeziehung zu einer dritten Stelle mit Kapitalüberlassung regelmässig erfüllt sein wird.

Aufgrund des Umtauschverhältnisses, das durch ein Aktivum mit Marktpreis besichert ist, kann man für Erst- und Folgebewertung den Marktpreis heranziehen. Nach dem deutschen HGB richtet sich die Folgebewertung danach, ob der Bestand im Umlaufvermögen (strenges Niederstwertprinzip) oder im Anlagevermögen gehalten wird.

Bei elektronischen Zentralbankwährungen werden sich keine Abweichungen von den Bewertungen von anderen Fiat-Währungen ergeben, da die elektronischen die gleiche Beschaffenheit und den gleichen rechtlichen Status haben werden wie die physischen Währungen, die von den Zentralbanken ausgegeben werden.

4.2 Nach österreichischem UGB

Werden Kryptowährungen entgeltlich erworben, bildet § 203 UGB die gesetzliche Grundlage für die Bewertung. Neben den Anschaffungskosten (dem Kurs zum Zeitpunkt des Kaufes) können auch die Transaktionskosten als Teil der Anschaffungskosten für die Erstbewertung berücksichtigt werden, da sie dem Anschaffungsvorgang direkt zugeordnet werden können. Laufende Depotgebühren hingegen, wie z. B. für die Verwaltung von Kryptowährungen, sind aufwandswirksam zu erfassen (§ 203 Abs. 2 UGB), da diese nicht den einzelnen Transaktionen zugeordnet werden können. Werden hingegen beim Mining Kryptowährungen eigenständig geschaffen und durch das bilanzierende Mining-Unternehmen die Absicht verfolgt, mit Kryptowährungen zu handeln, hängt die Erstbewertung der geschürften Coins davon ab, ob diese im Anlage- oder Umlaufvermögen verbucht werden. Im Anlagevermögen gehaltene durch den geschaffene Coins werden zum Marktwert im Zeitpunkt des Zugangs (d. h. Anzahl an Kryptowährungen multipliziert mit dem Tageskurs) bewertet. Sofern Kryptowährungseinheiten dem Umlaufvermögen zugeordnet werden, erfolgt eine Aktivierung der Herstellungskosten gemäss § 203 Abs. 3 UGB. Neben den Material- und den Sondereinzelkosten der Fertigung sind auch Teile der Material- und Fertigungsgemeinkosten einzubeziehen; vorausgesetzt sie fallen in den Zeitraum der Herstellung. Verwaltungs- und Vertriebskosten zählen nicht zu den Herstellungskosten. Allerdings ist das Ende des Herstellungsvorgangs aus technischen Gründen schwer abschätzbar. Andererseits besteht kein direkter Zusammenhang zwischen Input und Output, da die Herstellung von Kryptowährungen nicht nur vom Miner abhängig ist (Delgado-Mohatar et al., 2019). Die Folgebewertung richtet sich nach der Bilanzposition. Für das Umlaufvermögen ist das strenge Niederstwertprinzip zu beachten. Dieses besagt, dass bei einem fallenden Kurs die Kryptowährung auf den niedrigeren Teilwert abgeschrieben werden muss (§ 207 UGB). Hiervon betroffen sind ebenso nicht dauerhafte Wertminderungen. Demgegenüber stehen Werterholungen, die sich in den (folgenden) Geschäftsjahren ergeben könnten. Im Falle einer Werterholung ist es verpflichtend, die positive Differenz bis maximal zu den Anschaffungskosten zuzuschreiben. Wertsteigerungen, die über die Anschaffungskosten hinausgehen, sind unzulässig (§ 208 Abs. 1 UGB). Aufgrund der Einstufung als nicht abnutzbarer immaterieller Vermögensgegenstand, erfolgt keine planmässige Abschreibung. Für das Anlagevermögen kommt das gemilderte Niederstwertprinzip zum Tragen. Sofern die Wiederbeschaffungskosten am Bilanzstichtag unterhalb der Anschaffungskosten liegen, darf gemäss § 204 Abs. 2 UGB eine Abschreibung durchgeführt werden, wenn die Wertminderung nicht von Dauer ist. Bei einer dauernden Wertminderung muss laut § 204 Abs. 2 UGB eine ausserplanmässige Abschreibung vorgenommen werden (sog. Abwertungszwang). Offen bleibt jedoch die Frage, welche Zeitdauer sachgerecht erscheint, um die Dauerhaftigkeit der Wertminderung festzustellen. Hier können die Ausführungen zur Bilanzierung nach deutschem HGB als Ergänzung herangezogen werden (Abschn. 4.1).

4.3   Nach Schweizer OR und SWISS GAAP FER

4.3.1 Obligationenrecht

Art. 960a Abs. 1 OR sieht vor, dass erworbene Aktiven bei der Ersterfassung (Zugangsbewertung) zu den Anschaffungskosten zu bewerten sind. Für die Quantifizierung der bei einer Veräusserung auszubuchenden Anschaffungskosten kann ein übliches Verfahren wie First-in-first-out (FIFO), gewichtete Durchschnittsmethode etc. herangezogen werden. Bei selbst geschaffenen Kryptowährungen wie z. B. Bitcoins, wie dies im Rahmen des Mining geschieht, ergeben sich vergleichsweise komplexe Fragestellungen bei der Ermittlung der Herstellkosten respektive der Abgrenzung von allgemeinen Verwaltungskosten (Art. 960a Abs. 1 OR), auf die hier nicht eingegangen werden kann; mögliche Ansätze dazu wurden bereits in Abschn. 4.1 gezeigt. Bei der Folgebewertung ist zu unterscheiden, ob der Regelfall des Art. 960a Abs. 2 OR zur Anwendung gelangt, wonach Aktiven nicht höher als die Anschaffungs- oder Herstellkosten bilanziert werden dürfen oder ob wahlweise (in Abhängigkeit des zu bewertenden Aktivums) eine Bewertung zum beobachtbaren Marktpreis oder Börsenkurs am Bilanzstichtag gewählt werden kann.

Bewertung auf Basis von Anschaffungs- resp. Herstellkosten

Kryptowährungen unterliegen, vergleichbar zu den Finanzaktiven, keinem nutzungs- und altersbedingten Wertverlust. Deshalb können keine regelmässigen Abschreibungen gebucht werden. Hingegen sind nach Art. 960a Abs. 3 OR in Verbindung mit Art. 960 Abs. 3 OR anderweitige Wertverluste durch Wertberichtigungen zu berücksichtigen. Derartige Wertberichtigungen sind in der Praxis dann vorzunehmen, wenn der Marktwert resp. Netto-Veräusserungswert tiefer als der Anschaffungs- bzw. momentane Buchwert ist. Sodann erlaubt Art. 960a Abs. 4 OR ausdrücklich, unabhängig von der aktivseitigen Kategorisierung, zusätzliche Wertberichtigungen zu erfassen, im Extremfall bis zu einem Pro Memoria-Wert. Solche Buchungen führen regelmässig zur Bildung sowie einer ggf. nachfolgenden Auflösung von stillen Reserven, weshalb dort die Offenlegungsvorschriften des Art. 959c Abs. 1 Ziff. 3 OR zu berücksichtigen sind.

Bewertung zum beobachtbaren Marktpreis oder Börsenkurs am Bilanzstichtag

Ein solches Bewertungsverfahren kann (muss aber nicht) gewählt werden. Die Ausübung dieses Wahlrechts setzt voraus, dass die Bestimmungen des Art. 960b Abs. 1 OR eingehalten werden. Demnach müssen für solche Aktiven beobachtbare Marktpreise und/oder Börsenkurse ermittelbar sein. Des Weiteren muss ein aktiver Markt vorhanden sein.

Aktiven, die so bewertet werden, müssen sich entsprechend qualifizieren. Sobald sich dies bejahen lässt, dürfen Aktiven im Allgemeinen, nicht nur einer bestimmten Bilanzkategorie oder einer bestimmten Art, zum beobachtbaren Marktpreis oder Börsenkurs am Bilanzstichtag bewertet werden. Für Kryptowährungen lässt sich feststellen, dass die Bedingungen erfüllt sind. Es existieren sowohl mehrere aktive Märkte, als auch Preise für die zu handelnden Kryptowährungen. Die konkrete Wahl eines richtigen Preises ist ein praktisches Anwendungsproblem. Das erwähnte Vorgehen dürfte sich in der Praxis v. a. bei im Umlauf-/Anlagevermögen bilanzierten Wertschriften anbieten, ist aber auch bei der Bilanzierung als Vorräte denkbar.

Eine Spezialität des Art. 960b OR ist, dass die durch die Marktbewertung verursachten Schwankungen geglättet werden können. Der durch die Aufwertung der Aktiven gebildete Ertrag kann durch die aufwandseitig gebildete „Schwankungsreserve" (im Kern eine Wertberichtigung) geglättet werden. Ebenso können damit Buchgewinne/-verluste in andere Perioden „verschoben" werden. Dieses Wahlrecht kann bei allen Aktiven wahrgenommen werden, welche die Kriterien des Art. 960b OR erfüllen, also auch für Kryptowährungen. Solche Buchungen sind mitunter v. a. steuerpolitisch motiviert, da sich so Gewinne und Verluste zwischen den Abschlussperioden „verschieben" lassen. Betriebswirtschaftlich hat die Schwankungsreserve keinen wirklich triftigen Hintergrund, da gerade bei Kryptowährungen, die Volatilität ein zentrales Wesensmerkmal ist und deshalb eigentlich auch die Rechnungslegung entsprechende Darstellungen bevorzugen sollte.

4.3.2 SWISS GAAP FER

Gemäss SGF stehen grundsätzlich verschiedene relevante Bewertungskonzepte zur Verfügung (vgl. SGF Rahmenkonzept, Ziff. 25–27). Dabei spezifizieren die jeweiligen Bestimmungen, welche dieser Modelle zur Anwendung gelangen. Nachfolgend werden deshalb, basierend auf den bereits erwähnten Bilanzierungsmöglichkeiten, die jeweiligen möglichen Bewertungsansätze gezeigt.

Wertschriften
SGF 2 unterscheidet beim zu wählenden Bewertungskonzept hinsichtlich der Aktivierung auf Basis der Kategorisierung im Umlauf- oder Anlagevermögen. Im Umlaufvermögen bilanzierte Wertschriften sind (sofern verfügbar) zu aktuellen Werten zu bewerten (vgl. SGF 2/7). Auf- und Abwertungen werden erfolgswirksam via Finanzaufwand und/oder -ertrag erfasst (vgl. SGF 3/7 resp. 3/8). Bei vorhandener Halteintention sind Wertschriften auch als Finanzanlagen im Anlagevermögen bilanzierungsfähig. Gemäss SGF 2/12 resp. 2/23 besteht dabei ein Wahlrecht. Diese Posten können sowohl zu Anschaffungskosten abzüglich notwendiger Wertberichtigungen oder zu aktuellen Werten bilanziert werden. Zu beachten ist, dass – sowohl im Umlauf- als auch Anlagevermögen – eine Klassifizierung als „nicht betrieblicher Vermögenswert" möglich ist. Zwar muss dies in der Bilanz nicht ausgewiesen werden, aber für die Auf- und Abwertungen resp. Wertberichtigungen in der Erfolgsrechnung berücksichtigt werden (vgl. SGF 3/7 und 3/8 i. V. m. 3/21).

Vorräte

Die Bilanzierung von Vorräten erfolgt zu Anschaffungs- oder Herstellkosten unter Berücksichtigung des Niederstwertprinzips (vgl. SGF 2/9 bzw. SGF 7/3, 17/5 und 17/12–16 17). Das damit verbundene Niederstwertprinzip bewirkt eine analoge Erfassung wie im obligationenrechtlichen Abschluss.

Immaterielle Werte
Im Anlagevermögen bilanzierte immaterielle Werte sind im Grundsatz zu Anschaffungs- und Herstellungskosten zu bilanzieren und über die zukünftige Nutzungsdauer systematisch abzuschreiben (vgl. SGF 10/8, vgl. Meyer, 2014, S. 110). Dies erscheint für Kryptowährungen wenig praktikabel und nicht zweckmässig. Bei ihnen dürfte es sich vielmehr um immaterielle Vermögenswerte handeln, die zum Verkauf bestimmt sind/sein können. In diesem für die Praxis relevanten Fall erfolgt eine Bewertung analog zu den Vorräten (vgl. SGF 10/16 und 10/17), d. h. sie folgt dem Niederstwertprinzip.

4.4 Nach IFRS

Auch bei einer Rechnungslegung nach IFRS richtet sich die Bewertung nach dem Ausweis als immaterieller Vermögenswert oder als Vorrat.

Für bilanzierende Unternehmen, die eine Kryptowährung als immateriellen Vermögenswert ausweisen, bildet der Standard IAS 38 die Grundlage. Dies ist nur für den derivativen Erwerb einer Kryptowährung relevant, also für den Fall, dass die Kryptowährung entgeltlich oder im Tausch gegen andere Vermögenswerte erworben wurde. Sofern ein Unternehmen Kryptowährungen als Zahlungsmittel akzeptiert, stellt dies eine Umsatzrealisierung dar. Da Kryptowährungen keine gesetzlichen Zahlungsmittel sind, wird der Umsatzprozess als Tauschvorgang interpretiert (IFRIC, 2019; Sopp & Grünberger, 2018). Insofern sind Kryptowährungen, die erstmalig erworben worden sind, gemäss IAS 38.24, mit ihren Anschaffungskosten anzusetzen. Die Anschaffungskosten von Kryptowährungen umfassen den Erwerbspreis und anfallende Transaktionskosten, wie Gebühren für die Blockchain-Verarbeitung. Im Falle eines Tausches werden die Anschaffungskosten durch den beizulegenden Zeitwert ermittelt (EY, 2018b, S. 24). Für die Folgebewertung hat das bilanzierende Unternehmen nun die Möglichkeit, für jede Gruppe immaterieller Vermögenswerte zwischen der Anschaffungskostenmethode (cost method) oder der Neubewertungsmethode (revaluation method) zu wählen (IAS 38.72).

Bei der Wahl der Anschaffungskostenmethode ist nach dem erstmaligen Ansatz ein immaterieller Vermögenswert mit seinen Anschaffungs- oder Herstellungskosten, abzüglich Abschreibungen und Wertminderungsaufwendungen, anzusetzen (IAS 38.74). Die Wertermittlung ist davon abhängig, ob die Nutzungsdauer bestimmbar oder unbestimmt ist (IAS 38.88). Im Falle von Kryptowährungen kann aufgrund ihrer Eigenschaften bzw. der digitalen Abbildung davon ausgegangen werden, dass es sich um einen nicht-abnutzbar Vermögensgegenstand handelt (Langer, 2019, S. 257). Da in diesem Fall eine unbestimmte Nutzungsdauer zugrunde gelegt wird, ist gemäss IAS 38.107 ein immaterieller Vermögenswert nicht planmässig abzuschreiben. Es liegt somit keine absehbare Begrenzung der Zeit vor, über die der Vermögensgegenstand einen erwarteten Nutzen für das bilanzierende Unternehmen generiert. Immaterielle Vermögenswerte hingegen, die mit einer bestimmbaren Nutzungsdauer klassifiziert werden, generieren einen Nutzen innerhalb einer begrenzten Zeit. Weiterhin ist in jeder Berichtsperiode zu prüfen, ob die Ereignisse und Gegebenheiten die Einschätzung einer unbestimmbaren Nutzungsdauer erfüllen. Ist dies nicht der Fall, muss gemäss IAS 38.109 der Vermögensgegenstand mit einer bestimmbaren Nutzungsdauer klassifiziert werden. Hierfür muss eine Schätzung der Restdauer getätigt werden. Zusätzlich verlangt IAS 38.111, dass mindestens einmal in jeder Berichtsperiode die Kryptowährung auf ihre Werthaltigkeit überprüft wird (Impairment-Test; IAS 36.10). Eine Kryptowährung müsste dann wertgemindert werden, wenn der Buchwert des Vermögenswertes seinen erzielbaren Betrag übersteigt. Hierbei ist der Buchwert, derjenige Betrag, der mit dem Vermögenswert in der Bilanz nach Abzug aller kumulierten Abschreibungen und aller kumulierten Wertminderungsaufwendungen angesetzt wird. Definitionsgemäss ist der erzielbare Betrag der quantitativ höhere Betrag, der sich durch einen Vergleich zwischen dem beizulegenden Zeitwert abzüglich Veräusserungskosten und dem Nutzungswert eines Vermögenswertes ergibt. Der beizulegende Zeitwert ist i. d. R. der aktuelle Erwerbspreis einer Kryptowährung (IFRS 13). Folglich ergeben sich zwei denkbare Buchungsvorgänge, sofern es zu einer Veränderung des Buchwertes kommt. Bei einer möglichen Wertaufholung ist es dem bilanzierenden Unternehmen gestattet, diese in der Bilanz zu erfassen. Jedoch darf der Buchwert niemals die historischen Anschaffungskosten übersteigen. Liegt jedoch eine Wertminderung vor, wird der Abschreibungsbetrag in der Gewinn- und Verlustrechnung erfasst (EY, 2018b, S. 25; PwC, 2019, S. 9).

Die Neubewertungsmethode für immaterielle Vermögenswerte kann nur dann angewendet werden, wenn der beizulegende Zeitwert sich aus einem aktiven Markt ableiten lässt (IAS 38.75). Solche aktiven Märkte finden sich in der Praxis eher selten (IAS 38.78; Beigman et al., 2021, S. 1 f.). Gemäss IFRS 13 werden auf einem aktiven Markt Geschäftsvorfälle mit dem Vermögenswert oder der Schuld mit ausreichender Häufigkeit und Volumen getätigt, sodass fortwährend Preisinformationen zur Verfügung stehen. Sofern kein beobachtbarer Preis auf einem aktiven Markt vorhanden ist, sind bilanzierende Unternehmen dazu verpflichtet, die Anschaffungskostenmethode anzuwenden (IAS 38.75). Wertsteigerungen sind gemäss der Neubewertungsmethode im sonstigen Gesamtergebnis zu erfassen und im Eigenkapital unter der Position Neubewertungsrücklagen zu kumulieren. Die Erhöhung ist nur in dem Ausmass zu erfassen, bis sie eine zuvor im Gewinn oder Verlust erfasste Abwertung desselben Vermögenswertes durch Neubewertung rückgängig macht (IAS 38.85). Die Abschreibungsbeträge sind erfolgswirksam in der Gewinn- und Verlustrechnung zu erfassen (IAS 38.104).

Das Prinzip für die Bewertung des Vorratsvermögens fusst auf IAS 2 und zielt für die Erstbewertung darauf ab, den niedrigeren Wert aus Anschaffungs- oder Herstellungskosten und Nettoveräusserungspreis anzusetzen (IAS 2.9). Der Zugangswert umfasst sämtliche Kosten, die für den Erwerb anfallen (inkl. nichterstattbarer Steuern, Abwicklungskosten, etc.). Hinzu kommen sonstige Kosten, die anfallen, um die Vorräte an ihren derzeitigen Standort und ihren derzeitigen Zustand zu versetzen (IAS 2.10). Die Folgebewertung (IAS 2.9) verlangt prinzipiell, dass der niedrigere Wert aus Anschaffungskosten oder Nettoveräusserungskosten angesetzt wird. Dabei ist der Nettoveräusserungswert der erwartete Verkaufserlös im üblichen Geschäftsgang, abzüglich der geschätzten Kosten bis zur Fertigstellung und der geschätzten notwendigen Vertriebskosten (IAS 2.6). Bilanzierende Unternehmen, die Kryptowährungen in ihren Beständen halten, müssen den Nettoveräusserungspreis in jeder Berichtsperiode neu schätzen (IAS 2.33). Sollte dieser Wert die historischen Anschaffungskosten übersteigen, führt dies zu keiner Veränderung in der Bilanz (IAS 2.34). Hingegen führt eine Unterschreitung des Wertes dazu, dass die gehaltenen Kryptowährungen auf ihren aktuellen Nettoveräusserungswert abzuschreiben sind, und der angefallene Abschreibungsbetrag in der Gewinn- und Verlustrechnung zu erfassen ist (IAS 2.34). Sofern eine Verbesserung der Umstände eingetreten ist, sind für Abschreibungen aus früheren Perioden eine Wertaufholung bis zu den historischen Anschaffungskosten möglich. Diese Wertaufholungen sind ebenfalls in der Gewinn- und Verlustrechnung zu erfassen (IAS 2.34).

4.5 Vergleich der Rechnungslegungsnormen

Tab. 4.2 zeigt zusammenfassend, über alle bereits erwähnten Rechnungsnormen, wesentliche Anhaltspunkte für das Vorgehen bei der Erst- und Folgewertung

Tab. 4.2 Bewertung von Kryptowährungsbeständen im Vergleich zwischen den Rechnungslegungsnormen

Deutschland HGB	Schweiz OR	Swiss GAAP FER	Österreich UGB	International IAS/IFRS
Erstbewertung				
Es ist zu differenzieren, ob die Kryptowährung im Umsatzprozess erworben worden ist oder durch einen Mining-Prozess Bei entgeltlichem Erwerb: Bewertung mit Anschaffungskosten zzgl. Anschaffungsnebenkosten. Hierbei eignen sich diese im Umlaufvermögen unter den sonstigen Vermögensgegenstände zu aktivieren. Bei Erwerb durch Mining-Prozess: Tauschprozess: Anwendung des Zeitwertes. Erwerb im Mining-Prozess: Bewertung mittels Herstellkosten (siehe Tab. 4.1). Bei langfristiger Halteintention können diese als immaterielles Anlagevermögen verbucht werden.	Bewertung erfolgt bei der Ersterfassung zu den Anschaffungskosten	**Wertschriften** Buchung im UV: Bewertung zum aktuellen Zeitwert Buchung im AV: Wahlrecht: Entweder zum aktuellen Wert oder zu Anschaffungskosten abzgl. notwendiger Wertberichtigungen **Vorräte** Werden beim Erstansatz zu Anschaffungs- oder Herstellkosten bewertet **Immaterielle Werte** Werden zu Anschaffungs- und Herstellkosten bewertet	Es ist zu differenzieren, ob die Kryptowährung im Umsatzprozess erworben worden ist oder durch einen Mining-Prozess. Bei entgeltlichem Erwerb: Bewertung mit Anschaffungskosten zzgl. Anschaffungsnebenkosten Erwerb im Mining-Prozess: Buchung im Anlagevermögen zum Tageskurs (zzgl. Nebenkosten) Buchung im Umlaufvermögen zu den Herstellkosten	Bei einem derivativen Erwerb erfolgt die Erstbewertung entweder zu Anschaffungskosten zzgl. angefallener Nebenkosten (z. B. Transaktionskosten) oder im Falle eines Tauschvorgangs, mit dem beizulegenden Zeitwert.

(Fortsetzung)

Tab. 4.2 (Fortsetzung)

	Deutschland HGB	Schweiz OR	Swiss GAAP FER	Österreich UGB	International IAS/IFRS
Folgebewertung	Abhängig, ob es sich um Anlage- oder Umlaufvermögen handelt: Buchung im Anlagevermögen: Anwendung des gemilderten Niederstwertprinzips. Bei evtl. andauernder Wertminderung ist eine Abschreibung verpflichtend Buchung im Umlaufvermögen: Anwendung des strengen Niederstwertprinzips. Die Zeitdauer der Wertminderung hat keine Bedeutung	Bei der Folgebewertung ist zu unterscheiden, ob der Regelfall des Art. 960a Abs. 2 OR zur Anwendung gelangt, wonach Aktiven nicht höher als die Anschaffungs- oder Herstellkosten bilanziert werden dürfen oder, ob wahlweise eine Bewertung zum beobachtbaren Marktpreis oder, Börsenkurs am Bilanzstichtag gewählt werden kann	**Vorräte und immaterielle Werte** Werden nach dem Niederstwertprinzip folgebewertet	Abhängig, ob es sich um Anlage- oder Umlaufvermögen handelt. D. h. bei Buchung im Anlagevermögen gilt das gemilderte Niederstwertprinzip; bei Buchung im Umlaufvermögen gilt das strenge Niederstwertprinzip	Abhängig, ob es sich um einen immateriellen Vermögenswert handelt oder um Vorratsvermögen **Immaterieller Vermögenswert** Für jede Gruppe immaterieller Vermögenswerte kann zwischen der Anschaffungskosten- oder Neubewertungsmethode gewählt werden **Vorräte** Wert entspricht dem niedrigeren Wert aus Anschaffungs- oder Nettoveräußerungskosten.

auf. In den meisten Fällen basiert die Erst- und Folgebewertung darauf, ob die Kryptowährungen derivativ erworben oder durch einen Mining-Prozess neu geschürft worden sind. Gleichzeitig ist auch die Fragestellung von Belang, ob das bilanzierende Unternehmen die Kryptowährungen entweder im Anlage- oder im Umlaufvermögen verbucht. Im Rahmen dessen ergibt sich ein Gestaltungsspielraum bei der Bewertung, was sich folglich auch auf den ausgewiesenen Erfolg auswirkt. Ein Beispiel hierfür ist das im Abschn. 4.1 aufgegriffene Argument, dass es aufgrund der Vielzahl und Heterogenität der verschiedenen Handelsplattformen erhebliche Ermessensspielräume für die Zuordnung eines Marktwerts zu Kryptowährungen gibt. Eine Leitbörse hat sich bislang nicht herauskristallisiert. Wendet man einen Mittelkurs über verschiedene Handelsplattformen an, so verbleibt die Möglichkeit, die einzubeziehenden Plattformen auszuwählen und damit den resultierenden Kurs zu beeinflussen, was wiederum Auswirkungen auf das Betriebsergebnis hat.

Entwicklungen und Herausforderungen der Zukunft

5

Kryptowährungen haben grosse Zukunftschancen. Sie bieten eine Alternative zum Bargeld, insbesondere für Menschen, die ihre Privatsphäre gegenüber staatlichem Zugriff wahren wollen (Wohlmann, 2020). Damit locken sie allerdings auch zwielichtige Machenschaften an, die über Kryptowährungen abgewickelt werden. Hier wäre eine vorsichtige, die Chancen wahrende, Regulierung durch die Staaten sinnvoll. Dies gilt auch für die Bilanzierung, die mit dem weiteren Vordringen der Kryptowährungen in die Realwirtschaft zur Nutzung als Zahlungsmittel immer mehr Unternehmen betreffen wird. Eindeutige Regeln sind wünschenswert. Sie sind sicherlich auch leicht einzuführen, da sich die Rechnungslegungsstandards im DACH-Raum inklusive der IFRS nur geringfügig unterscheiden. Insofern erscheint eine international vergleichbare Regelung zur Förderung der Transparenz sinnvoll und machbar.

Neue Entwicklungen wie Stablecoins und von Zentralbanken emittierte Kryptowährungen können die Entwicklung von Kryptowährungen nachhaltig unterstützen, da sie das dem System innewohnende Vertrauensproblem lösen können.

Durch die Globalisierung wächst die Menge an grenzüberschreitenden Zahlungen. Diese dauern lange und die Transaktionskosten sind hoch, was insbesondere die Einbindung von Entwicklungsländern in die globalisierte Volkswirtschaft behindert. Mit Kryptowährungen würde sich dieses Problem lösen lassen, insbesondere weil sie auch am etablierten Bankwesen vorbei gehandelt werden können. Dies eröffnet die Möglichkeit für alle, die über ein digitales Endgerät verfügen, am Welthandel teilzunehmen, ohne dazu Zugang zu einem etablierten Bankensystem zu haben. Damit kann ein ungeheurer Entwicklungsschub durch Kryptowährungen entstehen. Voraussetzung dafür ist allerdings, dass die Menschen dem System vertrauen und das Problem der illegalen Transaktionen durch sinnvolle und vernünftige Regulierung gelöst wird.

© Der/die Autor(en), exklusiv lizenziert durch Springer Fachmedien Wiesbaden GmbH, ein Teil von Springer Nature 2021
S. Behringer et al., *Kryptowährungen im Rechnungswesen*, essentials,
https://doi.org/10.1007/978-3-658-36054-2_5

Was Sie aus diesem *essential* mitnehmen können

- Ein Grundverständnis über die Beschaffenheit und Funktionswiese von Kryptowährungen, als auch einen Überblick über die beliebtesten Kryptowährungen auf dem Markt.
- Ein Verständnis für die gesetzlichen Vorschriften in der Bilanzierung von Kryptowährungen im DACH-Raum.
- Ein Vergleich der Gesetze zwischen dem deutschen HGB, dem österreichischen UGB, den Schweizer OR, den SWISS GAAP FER und den IFRS.
- Praktische Vorgehensweisen im DACH-Raum, wie Kryptowährungen in unterschiedlichen Geschäftsvorfällen nach dem derzeitigen Rechtsstand verbucht und bewertet werden.

© Der/die Herausgeber bzw. der/die Autor(en), exklusiv lizenziert durch Springer Fachmedien Wiesbaden GmbH, ein Teil von Springer Nature 2021
S. Behringer et al., *Kryptowährungen im Rechnungswesen*, essentials,
https://doi.org/10.1007/978-3-658-36054-2

Literatur

Ahn, H., et al. (2020). Die Bilanzierung von Bitcoins nach HGB, IFRS und US-GAAP. *WiSt, 46*(9), 4–10.

André, P. (2017). The role and current status of IFRS in the completion of national accounting rules – Evidence from European countries. *Accounting in Europe, 14*(1–2), 1–12. https://doi.org/10.1080/17449480.2017.1319965.

Auer, B., & Schmidt, P. (2012). Bewertung des Umlaufvermögens. In M. Schmidt (Hrsg.), *Buchführung und Bilanzierung.* Gabler.

Ballwieser, W. (2013). §248 HGB. In M. Schmidt (Hrsg.), *Münchener Kommentar zum Handelsgesetzbuch* (3. Aufl.). Beck.

Beigman, E., Brennan, G., Hsieh, S.-F., & Sannella, A. J. (2021). Dynamic principal market determination: Fair value measurement of cryptocurrency. *Journal of Accounting, Auditing & Finance,* 0148558X2110041. https://doi.org/10.1177/0148558X211004134.

Berentsen, A., & Schär, F. (2018). A short introduction to the world of cryptocurrencies. *Federal Reserve Bank of St. Louis REVIEW, 100*(1), 1–16.

Bloech, J., et al. (2014). *Einführung in die Produktion* (7. Aufl.). Springer.

BMF. (2016). BMF, Schreiben v. 2.9.2016 – IV C 6 – S 2171-b/09/10002:002 NWB BAAAF-81512, BStBl 2016 I S. 995.

Bradbury, M. (2007). An anatomy of an IFRIC Interpretation. *4*(2), 109–122. https://doi.org/10.1080/17449480701727890.

Brüggemann, D. (2004). *§383 HGB, Grosskommentar der Praxis.* de Gruyter.

Brukhanskyi, R., & Spilnyk, I. (2019). *2019 9th international conference on advanced computer information technologies: Acit'2019: conference proceedings: České Budějovice, Czech Republic, June 5–7, 2019.* IEEE. https://ieeexplore.ieee.org/servlet/opac?punumber=8767904.

Bundesamt für Finanzen. (2021). Steuerliche Behandlung von Krypto-Assets. https://www.bmf.gv.at/themen/steuern/sparen-veranlagen/Steuerliche-Behandlung-von-Krypto-Assets.html. Zugegriffen: 3. Aug. 2021.

Busch, A. (2021). El Salvador meint es ernst mit seinem Bitcoin-Experiment, NZZ. https://www.nzz.ch/wirtschaft/el-salvador-meint-es-ernst-mit-seinem-bitcoin-experiment-ld.1644094. Zugegriffen: 20. Sept. 2021.

Cappel, A., & Born, M. (2020). Kryptowerte und Geldwäsche. *ZCG, 15*(6), 253–257.

Chason, E. (2019). Cryptocurrency hard forks and revenue ruling. *Virginia Tax Review, 39*(2), 279–286.

Coenenberg, A. G., et al. (2018). *Jahresabschluss und Jahresabschlussanalyse* (25. Aufl.). Schaeffer-Poeschel.

Delgado-Mohatar, O., Felis-Rota, M., & Fernández-Herraiz, C. (2019). The Bitcoin mining breakdown: Is mining still profitable? *Economics Letters, 184*,. https://doi.org/10.1016/j.econlet.2019.05.044,zuletztaufgerufenam:10.08.21.

Deloitte. (2018). Thinking allowed – Cryptocurrency financial reporting implications. https://www.iasplus.com/en/publications/global/thinking-allowed/2018/thinking-all owed-cryptocurrency-financial-reporting-implications.

Dhankar, R. S. (2019). *Capital markets and investment decision making.* Springer India. https://doi.org/10.1007/978-81-322-3748-8.

Erkilet, G., & Kholmy, K. (2016). Implikationen der IFRS-Einführung auf die Informationsbasis und Prognosequalität von Finanzanalysten: State of the art der empirischen Kapitalmarktforschung. *Management Review Quarterly, 66*(1), 33–73. https://doi.org/10.1007/s11301-015-0115-2.

Ethereum. (2021). PROOF-OF-STAKE (POS). https://ethereum.org/en/developers/docs/con sensus-mechanisms/pos/.

EY. (2018a). IFRS (#) accounting for crypto-assets. https://www.ey.com/en_gl/ifrs-techni cal-resources/ifrs-accounting-for-crypto-assets.

EY. (2018b). EY. Im Fokus: Bilanzierung von Kryptovermögenswerten. https://assets.ey. com/content/dam/ey-sites/ey-com/de_de/topics/ifrs/ey-im-fokus-bilanzierung-von-kry ptovermoegenswerten-oktober-2018.pdf. Zugegriffen: 6. Aug. 2021.

EXPERTsuisse. (2014). *Handbuch der Wirtschaftsprüfung, Band Buchführung und Rechnungslegung.* EXPERTsuisse.

EXPERTsuisse. (2017). Behandlung von Bitcoin nach OR-Rechnungslegungsrecht. In *Ausgewählte Fragen und Antworten zum neuen Rechnungslegungsrecht.* EXPERTsuisse.

Fantacci, L., & Gobbi, L. (2021). Stablecoins, central bank digital currencies and US dollar hegemony. The geopolitical stake of innovations in money and payments, *Accounting, economics and law. A convivum.*

Ferrari, V. (2020). The regulation of crypto-assets in the eu – Investment and payment tokens under the radar. *Maastricht Journal of European and Comparative Law, 27*(3), 325–342. https://doi.org/10.1177/1023263X20911538.

Fink, C., & Kunath, O. (Hrsg.). (2019). *Digitale Transformation im Finanz- und Rechnungswesen.* Schäffer-Poeschel.

Fischer, T. G., Krauss, C., & Deinert, A. (2019). Statistical arbitrage in cryptocurrency markets. *Journal of Risk and Financial Management, 12*(1), 31.

Fitzpatrick, S. M., & McKeon, S. (2020). Banking on stone money: Ancient antecedents to Bitcoin. *Economic Anthropology, 7*, 7–21.

Freiberg, J. (2019). Die Bilanzierung von digitalen (Krypto-)Währungen nach IFRS. In C. Fink & O. Kunath (Hrsg.), *Digitale Transformation im Finanz- und Rechnungswesen* (S. 147–158). Schaeffer-Poeschel.

Gerlach, I., & Oser, P. (2018). Ausgewählte Aspekte zur handelsrechtlichen Bilanzierung von Kryptowährungen. *Der Betrieb,* 1541–1547.

Ghimire, S., & Selvaraj, H. (2018). *A survey on Bitcoin cryptocurrency and its mining.* Institute of Electrical and Electronics Engineers; University of Technology, Sydney. http://iee explore.ieee.org/servlet/opac?punumber=8636105.

Hampl, F., & Gyönyörová, L. (2021). Can fiat-backed stablecoins be considered cash or cash equivalents under international financial reporting standards rules? *Australian Accounting Review.* https://doi.org/10.1111/auar.12344.

Hanl, A., & Michaelis, J. (2017). Kryptowährungen – Ein Problem für die Geldpolitik? *Wirtschaftsdienst, 97*(5), 363–370. https://doi.org/10.1007/s10273-017-2145-y.

Holtze-Jen, S. (2021). Digitale Zentralbankwährungen gewinnen an Fahrt. *ZfgK, 12,* 621–624.

IFRIC. (2019). IFRS Interpretations committee meeting: Holdings of cryptocurrencies. Agenda ref 12. https://cdn.ifrs.org/content/dam/ifrs/meetings/2019/june/ifric/ap12-hol dings-of-cryptocurrencies.pdf.

IFRS. (2018). Conceptual framework for financial reporting. https://www.ifrs.org/issued-sta ndards/list-of-standards/conceptual-framework.html/content/dam/ifrs/publications/html-standards/english/2021/issued/cf/.

Issing, O. (2011). *Einführung in die Geldtheorie* (15. Aufl.). Vahlen.

Kahle, H., & Kopp, N. (2020). *Grundzüge der Handels- und Steuerbilanz.* Vahlen.

King, S., & Nadal, S. (2012). PPCoin: Peer-to-peer crypto-currency with proof-of-stake. https://decred.org/research/king2012.pdf.

Kirsch, H.-J., & von Wieding, F. (2017). Bilanzierung von Bitcoin nach HGB. *Betriebs-Berater, 72*(46), 2731–2735.

Kirsch, H. J., & von Wieding, F. (2018). Bestandsbilanzierung von Bitcoin im IFRS-Kontext. *Zeitschrift Für Internationale Rechnungslegung, 12,* 115–120.

Koenig, A. (2017). *Crypto Coins. Investieren in digitale Währungen.* FinanzBuchVerlag.

KPMG. (2018). Neue Herausforderungen durch Kryptowährungen.

Langer, M. (2019). *Das liechtensteinische Steuerrecht.* Springer Books.

Leibfried, P., & Gierbl, A. (2018). Offene Fragen nach SWISS GAAP FER: Was tun, wenn nicht alles im Detail geregelt ist? *Expert Focus, 92*(5), 357–360. https://www.swisslex. ch/Doc/ShowDocView/4b7e524f-f3d4-4825-af1d-cf04f051e5fb?SP=0%7Cd53hxm& source=periodical-toc-document-link&ignoreAssetState=False.

Liu, J., & Serletis, A. (2019). Volatility in the cryptocurrency market. *Open Economies Review, 30*(4), 779–811. https://doi.org/10.1007/s11079-019-09547-5

Ludenbach, N., & Freiberg, J. (2009). Zweifelsfragen der abstrakten und konkreten Bilanzierungsfähigkeit immaterieller Anlagen. *BFuP, 61*(2), 131–151.

Marx, F. J., & Dallmann, H. (2019a). Bilanzierung und Bewertung von virtuellen Währungen nach HGB und Steuerrecht. *StuB, 6,* 217–224.

Marx, F. J., & Dallmann, H. (2019b). Bilanzierung und Bewertung virtueller Währungen im Jahresabschluss nach IFRS. *PiR, 5,* 125–135.

McGuire, R., & Massoud, M. (2018). An introduction to accounting for cryptocurrencies. file:///C:/Users/wanoto/Downloads/01713-RG-Introduction-to-Accounting-for-Cryptocurrencies-May-2018.pdf.

Meyer, C. (2014). *Swiss GAAP FER.* SKV.

Meyer-Scharenberg, D. (1988). Vermögensgegenstands- und wirtschafsgutbegriff. *Steuer Und Studium, 9*(10), 299–303.

Michel, M.-O. (2020). Hype mit Risiken. *BaFin Journal, 20*–25.

Nakamoto, S. (2008). Bitcoin: A peer-to-peer electronic cash system. *SSRN Electronic Journal*. https://doi.org/10.2139/ssrn.3440802,zuletztaufgerufenam10.08.21. Zugegriffen: 10. Aug. 2021.

Ng, M. (2019). Choice of law for property issues regarding Bitcoin under English law. *Journal of Private International Law, 15*(2), 315–338.

Norton, D. (Hrsg.). (2012). International financial reporting standards. *The Executive's Guide to Financial Management*. https://doi.org/10.1007/978-1-137-51120-1_10.

NZZ. (2021). Kryptowährungen. https://www.nzz.ch/finanzen/der-druck-auf-den-bitcoin-nimmt-zu-dieser-faellt-auf-35-000-dollar-ld.1336477#subtitle-was-sind-kryptow-hru ngen-second. Zugegrifen: 18. Aug. 2021.

Ostbye, P. (2018). The case for a 21 million Bitcoin conspiracy. Available at SSRN 3136044.

Patek, G. (2008). Die Beurteilung der voraussichtlichen Dauerhaftigkeit von Wertminderungen börsennotierter Aktien des Finanzanlagevermögens. *FinanzRundschau, 90,*(15), 689–697.

Petry, H. (2018a). Kryptowährungen nach Swiss GAAP FER: Ein Fall für die Lösung offener Rechnungslegungsfragen nach Swiss GAAP FER. *Expert Focus, 2018*(5), 369–373.

Petry, H. (2018b). Neue Herausforderungen durch Kryptowährungen. *Audit Committee News, 62*(Q3), 20–26. https://www.alexandria.unisg.ch/254561/1/ac-news62-q3-18-de.pdf.

Procházka, D. (2019). *Global versus local perspectives on finance and accounting*. Springer International Publishing. https://doi.org/10.1007/978-3-030-11851-8.

PwC. (2019). IFRS für die Praxis: Rechnungslegung von Krypto-Assets und zugehörigen Transaktionen, 1–30. https://www.pwc.de/de/newsletter/kapitalmarkt/ifrs-fuer-die-praxis-krypto-assets.pdf.

Rade, K. (2011). «Angemessene» Herstellungskosten nach BilMoG. *DStR, 49*(28), 1334–1338.

Raffournier, B., & Schatt, A. (2018). The impact of international financial reporting standards (IFRS) adoption and IFRS renouncement on audit fees: The case of Switzerland. *International Journal of Auditing, 22*(3), 345–359. https://doi.org/10.1111/ijau.12139.

Richter, L., & Augel, C. (2017). Geld 2.0 – Auch als Herausforderung für das Steuerrecht. *FinanzRundschau, 99*(20), 937–949.

Schweizer Bundesrat. (2018). Rechtliche Grundlagen für Distributed Ledger-Technologie und Blockchain in der Schweiz.

Schweizer Bundesrat. (2019). Digitales Zenralbankengeld. Bericht des Bundesrates vom 13.12.2019 in Erfüllung des Postulats 18.3159, Wermuth, vom 14.03.2018.

Sedlmeir, J., et al. (2020). Ein Blick auf aktuelle Entwicklungen bei Blockchains und deren Auswirkungen auf den Energieverbrauch. *Informatik Spektrum, 43*, 391–404.

Singleton-Green, B. (2015). The effects of mandatory IFRS adoption in the EU. Empirical review. *Information for Better Markets, Forthcoming*. https://ssrn.com/abstract=2515391.

Sopp, D. G. G., & Grünberger, D. (2018). Bilanzierung von virtuellen Währungen nach IFRS und aufsichtsrechtliche Behandlung bei Banken. *Zeitschrift Für Internationale Rechnungslegung, 5*, 219–225.

Staub. (2021). *HGB, Grosskommentar der Praxis, bearbeitet von Pöschke, M. et al.* (6. Aufl.). de Gruyter.

Tan, B. S., & Low, K. Y. (2017). Bitcoin–its economics for financial reporting. *Australian Accounting Review, 27*(2), 220–227.

Thurow, C. (2014). Bitcoin in der IFRS Bilanzierung. *ZIR, 9*(5), 197–198.

Trautmann, K. (2019). Der Einfluss von Konsensalgorithmen bei der handelsrechtlichen Bilanzierung selbst geschaffener Kryptowährungen. *Der Betrieb, 74*(25), 1401–1403.

Ummenhofer, T., & Zeitler, N. (2018). Die bilanzielle Behandlung von Kryptowährungen nach HGB. *Der Konzern, 16,* 442–450.

van Tendeloo, B., & Vanstraelen, A. (2005). Earnings management under German GAAP versus IFRS. *European Accounting Review, 14*(1), 155–180. https://doi.org/10.1080/096 3818042000338988.

Viehmann, J. (2019). Kryptowährungen. In *Unleugbare Daten und digitale Währungen.* Springer Vieweg.

Von Sicherer, K. (2018). *Bilanzierung im Handels- und Steuerrecht.* Springer.

Wenger, T., & Tokarski, K. O. (2020). Kryptowährungen. In *Digitale Transformation und Unternehmensführung* (S. 249–284). Springer Gabler.

Wohlgemuth, M., & Radde, J. (2021). Anschaffungskosten in Handels- und Steuerbilanz. In Schulze-Osterloh/Henrichs/Wüstemann (Hrsg.), *Handbuch des Jahresabschlusses.* Otto Schmidt.

Wohlmann, M. (2020). Kryptowährungen – Top oder Flop? In L. Rebeggiani, C. B. Wilke, & M. Wohlmann (Hrsg.), *Megatrends aus Sicht der Volkswirtschaftslehre. FOM-Edition (FOM Hochschule für Oekonomie & Management)* (S. 303–323). Springer Gabler.

Printed in the United States
by Baker & Taylor Publisher Services